ゆる美容事典

「ほどほど」「ズボラ」で美肌を手に入れる

皮膚科医
髙瀬聡子

講談社

毎日朝晩
コツコツお手入れ。
目指すはシミひとつない
完璧な美肌！

たまにはメイクも
落とさず気絶。
でもそこそこ
きれいな肌
でいたい！

はじめに

100％の努力は現実的じゃありません。70％のゆるさで気楽にきれいになりましょう

初めましての方も、以前の著書を読んでくださっている方も、本書を手にとってくださり、ありがとうございます。

私は、東京・中目黒で美容皮膚科医として働いています。肌に悩みを抱えた患者さんに美容施術を行うほか、患者さんのお話を聞いたり、雑誌やテレビの取材を受けたり、スキンケア化粧品の開発も手がけたりしています。そんな日々の中で感じているのは、日本人は美容に対してとても真面目で、完璧な美を目指す人が多いということです。だから、医師が聞くとびっくりするような〝ウワサ〟がまことしやかに飛び交ったり、評判の化粧品に飛びついてしまったり。ときにはお手入れのやりす

ぎで逆効果になったり、面倒で続けられなくなってしまうことも……!?

私は、美容について100%完璧主義でいる必要はないと思っています。肌のお手入れは毎日のことですし、日々いろいろなことが起きる中で、100%を貫くのは現実的ではありません。それよりも、70%のお手入れを毎日ゆる〜く続けていくほうが、結果的にきれいな肌になれるんです。ただし、ムダなく自分の肌に合った70%であることが大切です。

本書では気になる巷のウワサやよくある疑問（ビューティ誌『VOCE』読者の方に、取材にご協力いただきました）にズバリお答えします。基本のお手入れや化粧品のことから、トラブル対策、気になるアンチエイジングのことまで、疑問がすっきりクリアになるはず。自分に合った70%の「ゆる美容」にたどり着くヒントを、ぜひ見つけてください。

ウォブ クリニック 中目黒 総院長
髙瀬聡子

ゆる美容事典　目次

第2章 知っているようで知らない 基本のお手入れ 〝どうすれば〟美容

読者代表として
美容についての疑問を
寄せてくれたのは、
美容雑誌『VOCE』の
読者です！

それって本当?

第1章 美容のウワサ

〝実は〟美容

たばこ吸ってても美肌の人ってなんなの？

←

それは、活性酸素を除去する能力が高い人。

（かなり個人差があります）

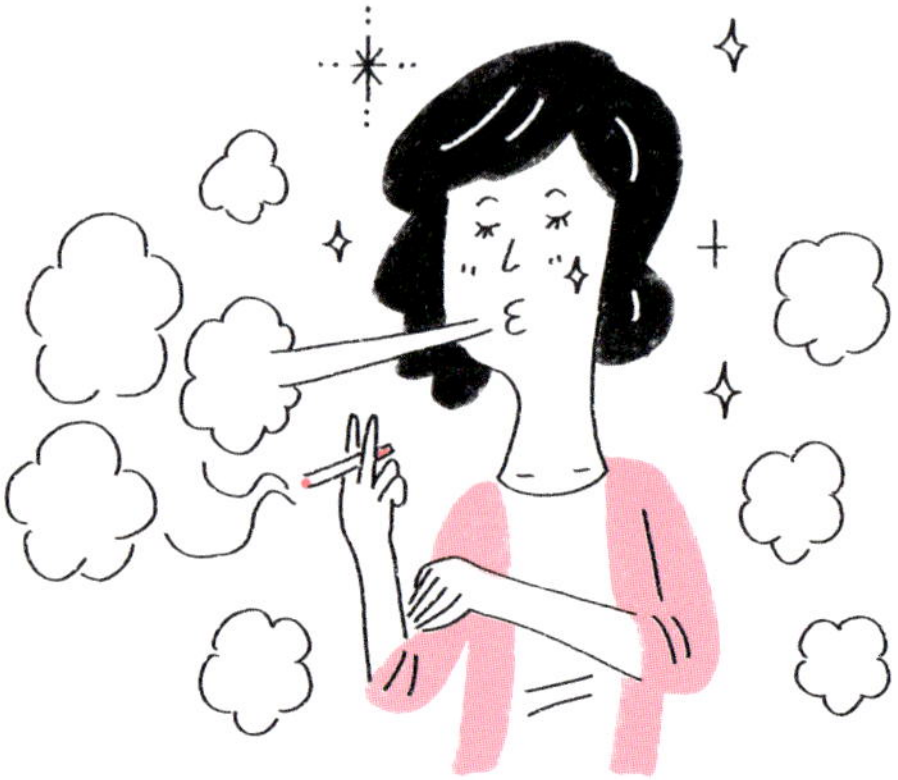

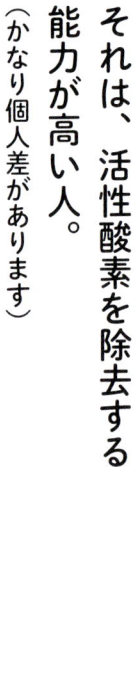

体の抗酸化力が高ければ肌のダメージを抑えられる

たばこは基本、肌や体にとって百害あって一利なし。その理由は「活性酸素」にあります。

私たち人間は呼吸をして酸素を取り込みますがその一部は、体内で細胞や体のたんぱく質を攻撃する活性酸素に変わります。ただし、通常は体がもともっている「抗酸化力」が発動して、速やかに消去されます。問題は、自分の抗酸化力で対応しきれない大量の活性酸素が発生した場合。**たばこを吸ったときがまさにそれです。肌の弾性線維がダメージを受け、たるみやシワの原因に。また、ニコチンによって血管が収縮し、肌がくすみます。**

たばこを吸っても肌に影響が出にくい人は、もともとの抗酸化力が高かったり、血行が良かったりする、ごくごく一部の人。そうはいってもたばこの肌や健康への害は証明されていますから、吸わない&たばこの煙に近づかないに越したことはありません！

ゆるPOINT

そもそも吸わない。近づくのも避けるべき！

（それが美肌への第一歩）

なるほどMEMO

肌質ってどこまで遺伝するの？

上に挙げた抗酸化力をはじめ、肌質の基本は遺伝で決まります。が、年を重ねるほどに環境やライフスタイルの影響も重要に。食事やお手入れの見直しで肌質を向上させることは可能です。

なるほどMEMO

美肌の一番の敵って何 ？

1 活性酸素
2 栄養不良
3 ストレス
4 血行不良
5 睡眠不足

ほうれい線は押すと薄くなるって本当ですか?

「一時的には」、なります。
(写真を撮る前におすすめ)

頬骨の下には「リガメント」という、骨や筋肉、皮膚などをつなぐ靭帯があります。ほうれい線〜頬骨の下を強めに押すことで、固まったリガメントがほぐされ表情筋が動きやすくなるので、たるみやほうれい線が目立たなくなります。ただし、リガメントが硬くなれば元通りに。**残念ながら、皮膚のたるみの根本解決にはなりません。**

ちなみにMEMO

二重まぶた用化粧品でホントの二重になる?!

目のまわりは皮膚が薄く乾燥しがちなため、表情ジワが刻まれやすいのはご存じの通り。二重まぶた用化粧品もこれと同じで、日々使っていればクセがついて二重になることもあります。

地黒でも美白化粧品を使えば白くなる？

なります！
（でも、自分が赤ちゃんだったとき以上の白さにはなりません）

肌は紫外線などのダメージを受けると、自らの防御反応として「メラニン」という褐色の色素を作り、細胞を傘のように守ります。この防御能力が高いのが、地黒の人。美白化粧品にはメラニンの生成を抑える効果があり、**地黒の人も使えば肌を明るくすることは可能。**ただし生まれつきの色よりは白くならないので、期待しすぎずに。

なるほどMEMO

一番大事なのはやっぱりUVケア

白くなりたい人が最も意識すべきは、UVケアの徹底。紫外線の影響がなければ肌のメラニン生成活動もおさまるので、今あるメラニンが排出されるにつれ、肌は徐々に明るくなります。

メイクを落とさずに寝るのは、ぞうきんをのせてるのと同じくらい汚いって本当？

↓

メイクや皮脂の油分は1日経つと酸化します。
汚いのはもちろん、危険です！

1日肌にのせていたメイクは酸化物質に変わっています

仕事や食事会などで遅い時間にぐったりして帰宅し、もうこのまま寝てしまいたい……でも不潔？　まあ1日くらい汚くたっていいかな!?　となる気持ち、わかります。

ただメイクを落とさず寝るということは、不潔というよりむしろ「危険」！　問題は、メイクの油分や1日を過ごして分泌した皮脂が、肌の上で酸化しているということです（特に皮脂は天然の油分なので酸化しやすい）。**酸化した油分は肌にとって刺激物となり、肌表面の角層が厚くなってごわつきやくすみが発生。内部にもダメージを与え、頻繁に繰り返せばたるみの原因になります。**

メイクは、必ず落として寝ましょう。ダブル洗顔ができないほど疲れているなら、洗顔料では油分が落ちきらない可能性があるので、クレンジングだけでも行って。そして翌朝、しっかり洗ってくださいね。

ゆるPOINT

疲れてしかたないときでも頑張って落として！

（気絶していいのは1カ月に1回）

ちなみにMEMO

睡眠とメイク落とし、どっちが大事？

メイクを落とさず寝ると、寝ている間中、肌に酸化物質が刺激を与えているということに。睡眠は美肌のためにとても重要ですが、3分だけ削って、クレンジングしてから寝ましょう。

COLUMN 01

自分に合ったクレンジング料で落とそう

洗浄力が強いクレンジング料は肌を乾燥させる原因に

クレンジング料はメイクを落としてくれますが、同時に肌の潤いも奪ってしまう危険を秘めています。肌トラブルを防ぐために、肌タイプやメイクの度合いに合わせてクレンジング料を選ぶことが大切です（左ページ参照）。

メイクを浮かせるのは「油性成分」と「界面活性剤」の力。界面活性剤を多く含むものは洗浄力が高い分、刺激になりやすいといわれています。クレンジングシートやウォーターなど水分系のクレンジング料は、油分を含まない分界面活性剤の量が多めの傾向に。毎日使うのは控えましょう。

ゆるPOINT

シートタイプは刺激が強め。毎日使うのは禁止！

クレンジング料の選び方

- □ 肌質との相性
- □ そのときの肌の状態
- □ テクスチャーの好み
- □ メイクの濃さ・薄さ

クレンジング料×肌へのやさしさ

肌への負担は界面活性剤の量次第！

肌に最もやさしいのはクリームタイプ。多めの油分でメイクを浮かせる分、界面活性剤の配合量が少なくて済むからです。乳液タイプはクリームより油分が少ないので水ですすぎやすく、界面活性剤の量もほどほど。以上２つは乾燥～普通肌におすすめです。

ゲルタイプは、油分が少ない分界面活性剤が多めで、普通～オイリー肌向け。オイルタイプはすすぎをスムーズにするために界面活性剤が多く配合されており、メイク落ちはよいのですが乾燥肌にはおすすめできません。

ローションやシートタイプは、油分をほぼ含まず界面活性剤の洗浄力のみで落とすので、手軽ですが肌への刺激が強いことを覚悟しましょう。

朝は洗顔しなくてもいいって本当？

洗顔料を使わなくてもいい人はいます。（皮脂が出ているかどうかで判断を）

朝の洗顔は、室内の空気中の汚れや自分の皮脂を落とすためのもの。**皮脂がほとんど出ない肌質なら、ぬるま湯で洗うだけでも問題ありません。**朝、指でTゾーンにくまなく触れて油分がつかないなら、乾燥を防ぐためにぬるま湯で洗顔するのもひとつの方法です。

ちなみにMEMO

皮脂が出るなら洗顔料を

逆に朝、指でTゾーンに触れて油分がついてくるなら、洗顔料で洗いましょう。皮脂を放置していると酸化し、肌に炎症が起きやすくなります。炎症は毛穴の開きや、肌の老化の原因に。

全身浴より半身浴のほうがいいの？

全身浴のほうが美容にいい！

全身浴のほうが温まりが早く、さらに全身に水圧がかかるので、**血流やリンパの流れが促されてむくみ解消に効果的。**ただし、長時間（30分以上）湯船に浸かるのが好きな人や心臓に病気を抱えている人、高齢者なら、心臓に負担の少ない半身浴のほうがいいでしょう。

なるほどMEMO

シャワーだけは老化のもと

湯船に浸かって体温が37℃以上になると、体内で傷んだ細胞の修復作用をもつ「ヒートショックプロテイン」が増え、免疫力や肌の若さを保つのに効果的。シャワーでは体温が上がらず、この効果は得られません。

化粧水はバシャバシャつけるべきって聞くけど……

つける量はお好みでＯＫ。
その後のお手入れのほうが大切です。

化粧水に潤いを長時間キープする効果はありません

まずお伝えしたいのは、化粧水の〝役割〟。洗顔後の肌は皮脂や潤い成分が落ちてパサッとしていますが、化粧水をつけると角層がすぐ水分で満たされ、キメが整って明るく見えます。つまり、化粧水とは「肌表面に水分を与え、健やかさを保ち、見た目を美しくするためのもの」。でも、**その成分の大半は水で、潤いを保ち続ける保湿成分の量は少なめ。**だから**潤いを長時間保持したり、乾燥肌を改善させたりする効果はありません。**化粧水をバシャバシャつけても、時間が経てば蒸発してしまうのであまり意味はないのです。

そもそも**日本人の肌は表皮が薄く、潤いを抱え込む力が弱い**ため、潤いを保持する保湿成分がしっかり入った美容液や、油分で潤い保持力をサポートしてくれる乳液、クリームが欠かせません。究極、一品だけ使うなら肌を乾燥させないクリームを。化粧水の重要度は低いことを、覚えておきましょう。

ゆるPOINT

1アイテム選ぶならクリーム！
（化粧水だけ、は10代まで）

ちなみにMEMO

「日本人の肌」ってどういう肌のこと？

白人や黒人に比べ、黄色人種である日本人の肌は表皮が薄いのが特徴。表皮が薄いと水分を多く抱え込むことができず、乾燥しやすい。強いピーリングなどのお手入れも向きません。

処方箋で買えると話題！「ヒルドイド」って本当にいいの？

←

保険薬を美容目的に使うのは考えもの。

ヒルドイドとは、高い保湿作用に加え、血行促進や抗炎症作用などをもった外用薬。乾燥や肌あれに効果があり、肌への負担も極めて少ないのが利点ですが、あくまで肌トラブルやアトピー性皮膚炎のための処方薬。**美容目的で使うことは禁止されています。**

デリケートゾーンのお手入れアイテム。たくさんあるけどやっぱり大事？

あえて専用アイテムは必要ないですよ。

デリケートゾーン（陰部）をきちんと洗って清潔に保つことは大切ですが、同じ体の一部ですから専用の洗浄料でなければいけないということはありません。また、**30代までは特別な保湿ケアも不要**。膣から常に粘液が分泌され、湿った状態が保たれています。

なるほどMEMO

心配無用！
「pH」はすぐ戻る

洗顔料やデリケートゾーン洗浄料には、「皮膚に近い弱酸性」がいいという説も。でも、肌にはアルカリ性洗浄料で洗った後もすぐ弱酸性に戻る性質があるので、敏感肌の人以外は特に気にする必要はありません。

毛って剃ると濃くなる？ 太くなる？

濃くも太くもなりません。

全身の毛根の数は生まれる前から決まっていて、増えることはありません。 剃ると毛の質が変わるというのも考えにくいでしょう。ただ、剃る前の毛は先細りしていますが、剃ると断面ができるので、太く黒々と見えることはあります。気になる人は剃るより脱毛を。

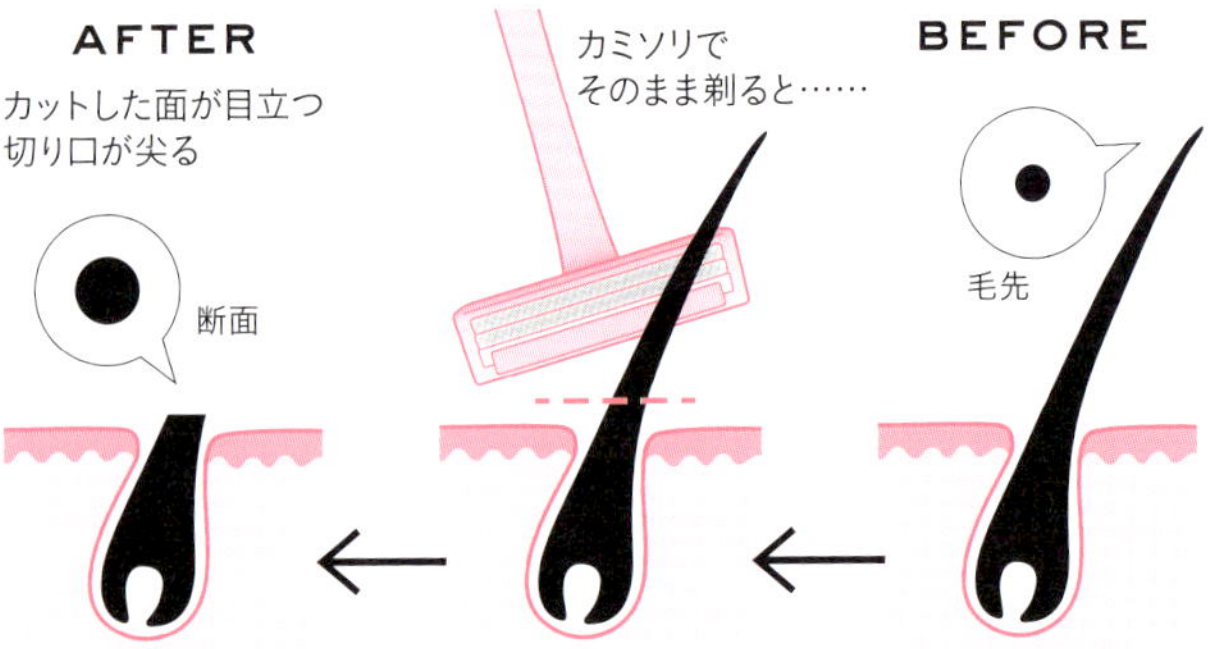

眉毛を毛抜きで抜き続けていると毛が生えてこなくなる？

毛母細胞が休眠に入ることも。

毛根には、毛を作る「毛母細胞」があります。**眉毛を抜き続けたからといって毛根や毛母細胞が死ぬことはありません**が、刺激や炎症などによって、毛母細胞が活動をストップし、休眠に入ってしまう場合も。育毛剤などで刺激を与えることで起きる場合もあります。

ちなみにMEMO

毛抜きで眉毛を抜くとまぶたがたれるらしい？

毛抜きで眉をしっかりキャッチするために、まぶたを引っ張りますよね。すると、肌の弾力を支える線維に負担がかかります。これを長年、繰り返せばたるみの一因になります。

豆乳や納豆をとると美肌になれる？

← 残念ながら……人によります。

大豆食品に含まれる「大豆イソフラボン」には、美肌に欠かせない女性ホルモンと似た働きがあることがわかっています。ただし、体質によってはその働きを活用できないことも。**日本人の場合、効果を感じられるのは約半数**というデータがあります。

大豆イソフラボンを女性ホルモン様に活用できる人は、約半数

豆乳や納豆などに含まれる大豆イソフラボンは、体内でそのまま女性ホルモン様の働きをするわけではありません。腸内の菌によって、女性ホルモンに構造が似た「エクオール」という物質に変換される、というステップが必要になります。この菌を体内にもっている人は、日本人の約43%という調査結果が。ただし、**腸内環境は食生活やライフスタイルによって変化します。**大豆食品や食物繊維をよくとり、規則正しい生活を送っている人にはエクオールを産生できる人が多いというデータもあるので、美肌のためには毎日意識してとることが大切です。**現代人の食生活では大豆イソフラボンの摂取が圧倒的に不足しており、とりすぎということはまずありません。**

また、大豆食品には良質な植物性たんぱく質が含まれており、豆のままなら食物繊維も豊富。健康のためには欠かせない食材なのです。

ゆるPOINT

どっちも体のためにはいい食材。必ず食べましょう！

（「食べすぎ」ということはありません）

ちなみにMEMO

イソフラボンの効果を自分の体が充分に得られるかを調べよう

体内で作られたエクオールは、時間が経つと尿とともに排出されます。つまり、尿を調べればエクオール産生能力の有無がわかるというわけ。気になる人は専用のキットで調べてみて。

採尿して郵送すると、エクオール産生能力のレベルがわかる。エクオール郵送検査キット ソイチェック ¥3800／ヘルスケアシステムズ

目から紫外線が入って日焼けするって本当？

本当です！（サングラス大事）

人体にとって、紫外線は細胞にダメージを及ぼす危険なもの。目から入ると角膜が紫外線を察知し、脳に伝達。すると、**細胞を守るために脳から「メラニンを作れ」という指令が出るので、日焼けしてしまう**のです。夏はUVカット効果のあるサングラスを使いましょう。

「飲む日焼け止め」を飲んだのに焼けた！

飲む日焼け止めは紫外線をブロックするのではなくその後の炎症を抑えるもの。

塗る日焼け止めは、肌にあたる紫外線をカットして、メラニンを作らせないようにするもの。それに対して「飲む日焼け止め」は、**紫外線によって体内で発生した活性酸素を除去して細胞のダメージを防ぐもの。**日焼けは防げませんが、老化防止効果は大です！

ちなみにMEMO

「塗る」「飲む」ダブルで対策

日差しが強い夏は、塗る日焼け止めで日焼けを、飲む日焼け止めで細胞のダメージを防ぐ、ダブル使いがおすすめ。特にリゾート地で日焼け後の炎症を防ぐのに、飲む日焼け止めは有効です。

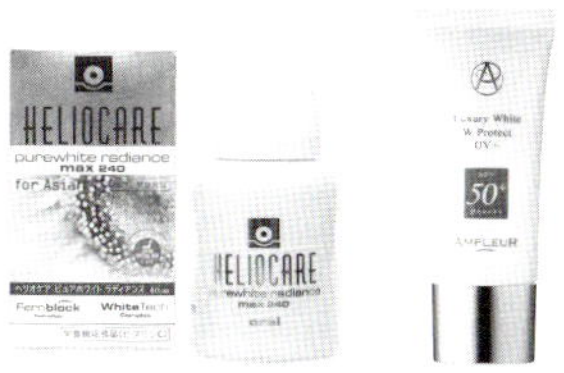

〈右〉高瀬先生開発。ラグジュアリーホワイト WプロテクトUVプラス SPF50+・PA++++ 30g ￥4200／アンプルール
〈左〉アジア人の肌に合わせた処方。ヘリオケア ピュアホワイト ラディアンス マックス240 60粒 ￥9800（編集部調べ）／イムノサポート

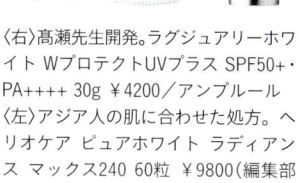

コラーゲン、ヒアルロン酸、プラセンタ……サプリでとっても意味がないって本当？

そのまま肌に効くわけではありません。（でも美肌の材料には、なります）

食事と同様、サプリも胃で分解されて栄養素に変わり、小腸で吸収されて全身に送られます。**そのままの形で肌に効くことはありませんが、美肌の原材料をとるという点では、意味があります。**また最近は、サプリと肌との研究も盛んに進み、注目を集めています。

ちなみにMEMO

高瀬先生的おすすめは？

体質改善のために乳酸菌サプリを愛用。「B-3」というビフィズス菌とエラスチンが入った「コルム」というサプリを愛飲しています。アンチエイジングのために、プラセンタサプリも。

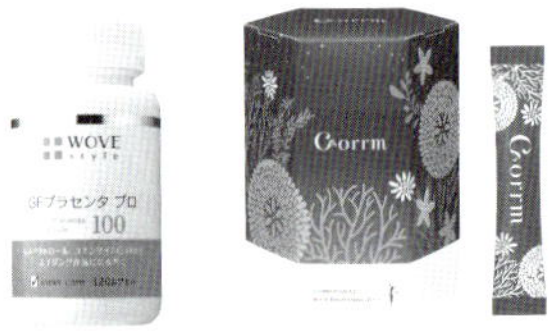

〈右〉「ビフィズス菌B-3」と良質な海洋性エラスチンを配合。コルム 3g×30包 ¥12000／ウォブ クリニック 中目黒
〈左〉美容と健康に効く成分を凝縮。GFプラセンタプロ 120カプセル ¥12000／ウォブスタイル お客様窓口

市販の顔エクササイズアイテム。本当に引き締まる？

ものによります。

（当たり前ですが）継続が命！

エクササイズアイテムの中でも、電気刺激によって筋肉運動を起こす「EMS」機能を搭載したものは、強いパワーで行えば引き締め効果が期待できます。それ以外のものも、**日々正しく使えば、顔の筋トレによる効果がある程度は出る**はず。継続が大切です！

〈上〉顔に装着してEMSを通電。ハンズフリーでながらエクササイズができる。メディリフト ￥25000／ヤーマン
〈下〉中央を口にくわえて振るだけで口まわりの筋トレに。フェイシャルフィットネス パオ ￥12800／MTG

ちなみにMEMO

高瀬先生的おすすめは？

手を使わずにながらケアできる筋トレアイテムなら、忙しくても続けることが可能です。ウェアラブルEMSの「メディリフト」や、口にくわえて筋トレする「パオ」に注目しています。

肌の曲がり角＝25歳？

←

だいたい18歳をピークに
肌は下り坂に入ります。

自分が気づくずっと前から肌はすでに曲がっている

人の成長期はだいたい18歳くらいで終了し、それ以降は後退するのみ。**美肌のカギとなるターンオーバーのスピードも、14~18歳がピーク**です。それ以降は徐々にスピードが落ち、肌本来の力が衰え、外的ダメージに対してリカバリーする力が弱くなっていきます。最初は乾燥、次にくすみやシミ、ハリのなさ、シワ、たるみ……と、徐々に老化が進行していくのです。

とはいえ、成長期が終わったからといって突然、目に見える変化が現れる訳ではありません。少~しずつ、なだらかに落ちていって、ある日突然「あれっ」と気づく。**気づいたときが曲がり角。それが、25歳くらい**という人が多いのかもしれません。

でも、焦る必要はないんです。気づいたとき急に変わったのではなく、もともと肌のピークは18歳だったのですから。なるべく老化を遅らせるよう、日々のお手入れを頑張りましょう。

ゆるPOINT

気づいちゃった!ときが「曲がり角」。焦る必要はありません。

なるほどMEMO

皮脂分泌の曲がり角は30歳

10~20代でテカリに悩まされていた人も、30歳くらいを境に、皮脂分泌は徐々に減ります。原因は、ホルモンバランスの変化。40代になるとさらに減り、肌は乾燥へと傾いていきます。

COLUMN 02

ターンオーバーを味方につけよう

ターンオーバーが好調なら肌はずっときれいでいられます

表皮の奥から新しい細胞が生まれ、成熟しながら上がっていき、表面の古くなった細胞は肌を守る役目を終えてはがれる――この過程を「ターンオーバー」といいます。**細胞が生まれてからはがれるまでのサイクルは、約28日間が理想**です。それより遅くなれば乾燥やくすみ、エイジングの原因となり、逆に早くても、細胞が未成熟なまま育って肌のバリア機能が低下します。

なんとなく肌の調子が悪い……というときは、ターンオーバーが乱れていることも多いのです。次のページを参考に、角質ケアを取り入れましょう。

ゆるPOINT

肌の調子が悪いときはターンオーバーの乱れを疑って。

「ターンオーバー=28日」は20代だけ

年代別 ターンオーバー日数

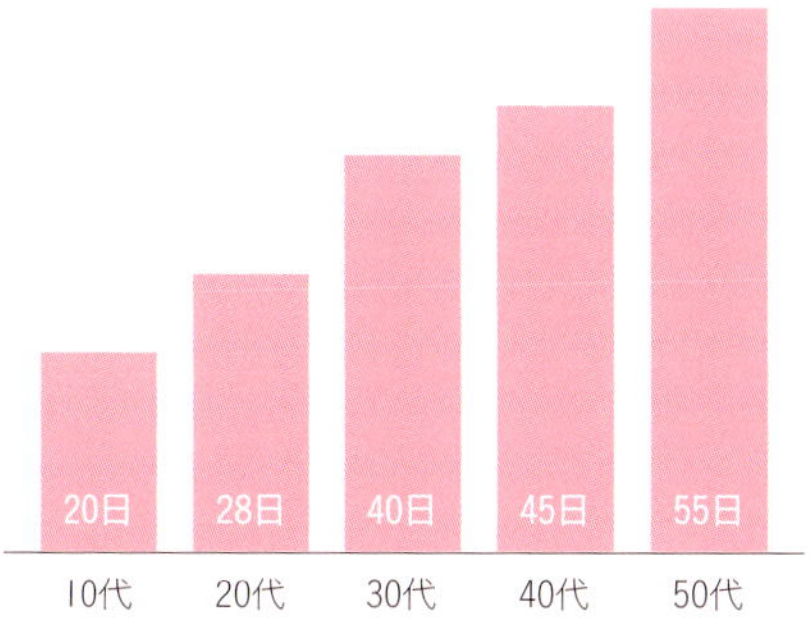

加齢とともに少しずつ遅くなっていくターンオーバーのサイクル。どれだけ28日に近づけられるかがお手入れのカギです。

加齢による代謝の遅れには、角質ケア

ターンオーバーとは、肌が自ら新陳代謝できる能力です。年を重ねるにつれて体力が衰えるのと同じように、ターンオーバーの速度も遅くなっていきます。理想的な〝28日周期〟は20歳前後の肌の場合。30代では40日、40代では45日程度ともいわれています。

細胞の質が良くて潤い保持力があり、くすみやゴワつきも気にならない、**理想的な肌に近づけるには、不要になった表面の古い角質を取り去り、新しい細胞の成熟を促す「角質ケア」を取り入れること。**酸が入ったマイルドな美容液や、たんぱく質を分解する酵素が配合された洗顔料などがおすすめです。肌をはがしすぎないマイルドなものを使い続けましょう。

メイクの落とし忘れで口紅やアイライナーの色素が肌に残る？

←

残りません！
（むしろメイクを落とすときの摩擦が問題）

皮膚は排出器官なので、一般的なメイクの沈着はありえない

安心してください。アイシャドウや口紅などの色素が、肌に沈着してしまうことはありません。

そもそも皮膚とは、汗や皮脂、垢などを分泌する〝排出器官〟です。もしもメイク汚れが角層に残ったとしても、肌の代謝とともにはがれ落ちていきます。毛穴の中に入った下地やファンデーションだって、汗や皮脂とともに押し出されるのです。

それでも、実際年齢を重ねるごとに目元やリップラインがくすんでくる実感がある……その一因は、**メイクを落とすときの摩擦。完璧に落とそうとしてゴシゴシこすることで、目元や口元の薄い皮膚に摩擦の負担がかかり、茶色っぽくくすんでしまう**のです。

お湯でオフできるメイクアイテムやポイントメイクリムーバーなどを取り入れつつ、なるべくこすらずに落とすよう意識してみて。それだけでくすみが徐々に目立たなくなりますよ。

ゆるPOINT

やさしく落として、摩擦による色素沈着を防ぎましょう。

ちなみにMEMO

ティントアイテムでも色素沈着の心配はナシ

落ちにくいティントリップやアイブロウは、角層を染めるように色づくもの。クレンジングしても落ちにくいものですが、角層の代謝とともに数日で落ち、色素が残ることはありません。

水をたくさん飲むのってそんなに大事？

ダイエットとして飲むのは意味ありません。（座り仕事の人はむしろ脚がむくみやすく）

水をたっぷり飲むと代謝が上がるといわれますが、はっきりとはわかっていません。むしろ歩く時間の少ない座り仕事の人は、体を冷やしたり、脚のむくみの原因になることも。1日の適量は運動量や発汗量、季節で変わりますが、座り仕事の女性で2リットルは飲みすぎの場合もあります。

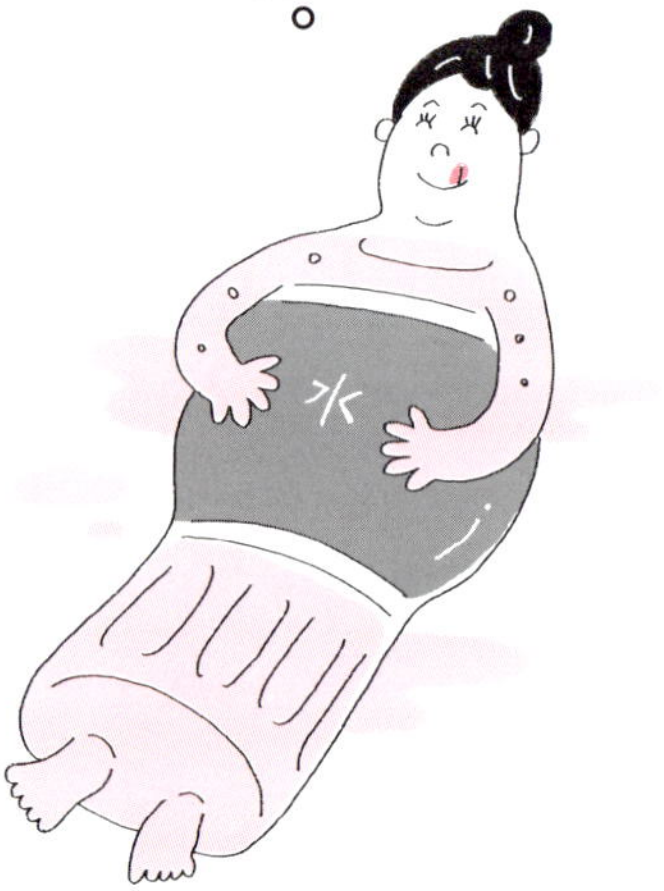

しょうが紅茶って冷えに効かないの？

生のしょうがを入れても意味ありません。

冷えに効くのは、しょうがを加熱したときにできる「ショウガオール」という成分。加熱前のショウガオールは「ジンゲロール」という成分で、これは血管を拡張して熱を下げ、体を冷やす働きを持っています。**生ではなく、加熱処理したしょうがを使えば冷えに効果的。**

なるほどMEMO

しょうがは生と加熱で使い分けよう

風邪のひき始めや熱っぽい体調不良には、生のしょうがを入れた飲み物が内側から熱を追い出してくれます。体の芯が冷えている場合は、加熱した市販のしょうがパウダーやドライしょうがを。

ラメ入りシャドウは目の裏にたまるって本当？

←

たまりません！
（人には自浄作用があります）

体には異物を体外に出そうとする〝自浄作用〟があります。たとえアイシャドウが一時的に目の裏に入ってしまったとしても、**時間が経てば押し出されてくるので心配ありません。**気になる人は目を洗ったり、目薬を多めにさしたりすれば早く出てきます。

恋をするときれいになるって本当？

本当です♥

恋をすると、脳下垂体から「フェニルエチルアミン」というホルモンが分泌されます。これには食欲を抑制したり、気持ちを前向きにしたり、肌や目に潤いを与える効果が。さらに、フェニルエチルアミンには女性ホルモンのエストロゲンの分泌を促す作用があります。

ちなみにMEMO

スキンシップでやる気をアップ！

恋人とのスキンシップや性交渉は、「幸せホルモン」と呼ばれるオキシトシンの分泌を促進。ストレスが緩和されて多幸感が生まれ、社交性ややる気にもつながるホルモンです。

第1章のおさらい

「美容のウワサ」ホントのところをあらためてチェック！

Q1 ほうれい線は押せば消すことができる

Q2 生まれつきの地黒でも美白ケアを頑張るのは意味がある

Q3 面倒なメイク落としはシートタイプでさっとふき取り！

Q4 体の毛は剃ると濃くなるから剃っちゃダメ

Q5 豆乳や納豆は美肌になるからとったほうがいい

Q6 口紅はきちんと落とさないと唇に色素が残る

Q7 やせたいから、水は一日に2リットル飲みます

A1
根本的には**消せません**
P16

A2
もちろんです！ **お手入れは大事**
P17

A3
肌への**刺激が強い**のであまりおすすめしません
P20

A4
濃くも太くも**なりません**
P28

A5
美肌につながる人と肌に**関係ない人**がいる
P30

A6
残りません。 落とすときの摩擦のほうに注意
P40

A7
水をたくさん飲むことと**ダイエットは無関係**
P42

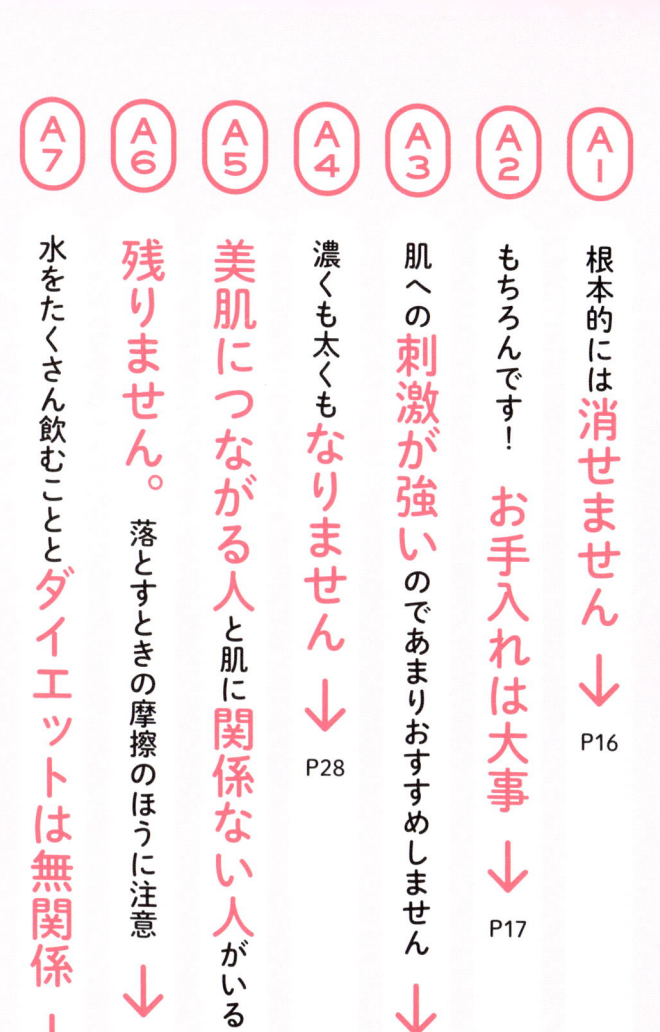

どんな肌になりたいですか？あなたにとって肌の「優先順位」は？

本書を作るにあたり、ビューティ誌『ＶＯＣＥ』読者の方に「美容について知りたいこと」というお題で質問を募りました。本当にたくさんの質問をいただきましたが、その中に気になるものがありました。「スキンケアってしなきゃダメ？」「コスメの種類が多すぎて何を使ったらいいかわからない」「どんなお手入れをすれば美肌になれますか？」といった、スキンケアそのものにまつわる疑問です。

前提として、スキンケアは〝絶対しなければならないもの〟ではありません。ただ、多くの女性はメイクをするので、落とすときにクレンジングが必要になります。クレンジングには落ちにくい油分を浮かせて落とすという性質があり、その洗浄成分は肌のバリア機能にも影響を与えるので、クレンジングをすると肌が乾燥しやすくなります。毎日メイクをしてクレンジングで落とすなら、その分、保湿成分や油分の入った化粧品で肌のバリア機能を補うお手入れを行って、乾燥を防がないとなりません。ここが最低限のお手入れであり、スキンケアの原点です。

そのうえで、まずは自分の肌の現状を知りましょう。洗顔後の肌に触れて、乾燥しているか、ハリがあるか、ザラついていないか、などをチェック。鏡で観察してシミやくまがあるか、キメや毛穴の状態は、などをチェック。ストレスによる影響や敏感度合いも考えてみましょう。さらに、自分の肌の好きなところと嫌いなところ、それぞれを書き出してみると、肌の現状が明確になり、するべきお手入れもわかってきます。

最後に、ここがとても重要なのですが、「どんな肌を目指しているか」「美容のためにどこまで頑張れるか」という、自分の美容タイプを考えてみましょう。それによってスキンケアの方向性は変わってきます。

例えば、美肌のためならどんな努力も惜しまない！　完璧美肌を目指したい！　というタイプなら、保湿はもちろん角質ケア、美白やたるみケアなども肌状態に合わせて貪欲に取り入れて。そこそこ頑張るけれどストイックにはなりきれない、というタイプなら、保湿をしっかり、あとは気になる悩み対策をひとつ、ふたつ取り入れればいいでしょう。自分に甘くてすぐ挫折しがち……というタイプなら、とりあえずクレンジング後の保湿だけは頑張って。保湿の習慣がついてきたら、角質ケアをプラスするだけでも肌状態は総合的に良くなります。

シミや毛穴、たるみは、あってはならないものではありません。自分の気になる度合いや美容タイプに合わせて、できる範囲でお手入れを取り入れていきましょう。特にストイックな人、挫折しがちな人にとって、高すぎる理想は禁物。お手入れに疲れて0か100という選択になってしまわないよう、ゆるく70％の努力が、続けるコツです。

あなたの美容タイプはどれ?

TYPE 1

美肌のためなら
どんな努力も惜しまない

TYPE 2

そこそこ頑張れるけど
ストイックにはなれない

TYPE 3

自分に甘くて
すぐ挫折しがち……

DATE　　.　　.　　(　　)

♥自分の肌の長所、好きなところ

♥自分の肌の短所、悩んでいるところ

自分の肌のいいところ、
悪いところを書き出してみましょう

あなたの肌の実力を知ろう

DATE　　　　　（　　）

あなたの肌は……？

♥ □潤っている　□乾燥している

♥ □パンッとしたハリがある　□ハリがない

♥ □シミがない　□シミは少しある　□シミはたくさんある

♥ □シワがない　□シワは少しある　□シワはたくさんある

♥ □ニキビができにくい　□ニキビができやすい

♥ □目元にくまができやすい　□くまはできにくい

♥ □毛穴は目立たない　□毛穴は少し目立つ
□毛穴が目立っている

♥ □キメが細かいほう　□キメは普通　□キメは粗いほう

♥ □ストレスが肌に出にくい　□ストレスがたまに肌に出る
□ストレスが肌に出やすい

♥ □合わない化粧品はあまりない
□合う化粧品を探すのが大変

♥ □肌トラブルが起きにくい　□肌トラブルが起きやすい

あなたのお手入れ志向は……？

♥ □化粧品や美容医療にお金を惜しまない
□そんなにお金は出せない

♥ □完璧美肌を目指したい　□ほどほどでいい

♥ □年齢不詳の美肌になりたい　□年相応がいい

自分の肌や志向を知れば、
お手入れの方向性も決まります

第2章 基本のお手入れ

知っているようで知らない

〝どうすれば〟美容

同じスキンケア化粧品を使っていると肌がマンネリ化する？

←

しません。
（肌が「慣れる」とかないですから！）

スキンケアが「効かなくなる」ということは、ありません

薬の場合、同じものを常に飲んでいると体が慣れてしまったり、薬の過剰な作用に合わせて体が自らの機能を抑制するということがあります。でも、誰でも自由に購入して使えるスキンケア化粧品に、そこまでの影響力（効果）はありません。スキンケアは肌本来の健康な機能をサポートするもの。肌がマンネリ化するとか、慣れて効かなくなるということはないのです。

とはいえ、自分の肌と相性のいい化粧品を初めて使ったとき、肌がふっくらと潤ったり、ベタつきが抑えられたりして、高揚感を覚えることはあると思います。でも使っているうちによくわからなくなる……**その理由は、肌の調子が良くなったから。効かなくなったのではなく、肌の足りない要素が日々補われているからこそ、安定して変化がなくなった**のです。それが最もいいこと。調子がいいのなら、ぜひそのまま使い続けてください。

ゆるPOINT

化粧品を使っていて変化が起きなくなったらそれは、肌に合っている証。

ちなみにMEMO

「若いときに高い化粧品を使うのはダメ」説って？

高額なものがダメとか、肌を甘やかすということはありません。ただ、大人向けのスキンケア化粧品は概して油分が多く、若い人が使うとニキビの原因になることがあるので注意を。

COLUMN 03

ありがちな美容カン違い・その1
「肌断食すると美肌になれるの?」

一切のスキンケアをやめる"肌断食"をする理由は「スキンケアで肌が甘やかされてダメになっているので、やめると機能が向上する」からでしょうか? でも、**そもそも「肌が甘やかされる」という考え方は皮膚医学にありません。**今使っている化粧品が合っているなら、やめる必要はなし! 洗顔した後に何もつけないと肌が乾燥してバリア機能が低下し、トラブルの元です。

ただし、皮脂が出ているのにクリームなどで油分を与えすぎていると、長期的に皮脂腺の働きが弱まることも。**油分を塗るときは注意しましょう。**

ゆるPOINT

肌断食、百害あって一利なしですよ。

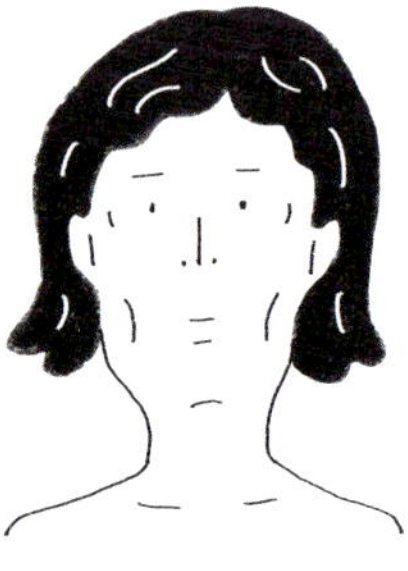

COLUMN 04

ありがちな美容カン違い・その2
「肌のために夜10時までに寝てます」

22時から深夜2時の間は成長ホルモンが盛んに分泌される**「美肌のゴールデンタイム」であるといわれますね。でも、実は睡眠には諸説あります。**

睡眠は約90分の周期で深い眠り（ノンレム睡眠）と浅い眠り（レム睡眠）を繰り返します。寝入りばなの深い眠りのときに成長ホルモンは多く分泌され、その後も睡眠のリズムに沿って分泌されていきます。その量は就寝の時間に左右されないという説もあるのです。もちろん早寝早起きがベターですが、難しい場合は、**深い眠りを得られるよう就寝時間を一定にしましょう。**

ゆるPOINT

早寝早起きができないなら規則正しい生活で、深い睡眠を！

洗顔は水orお湯、どっちがいいの？

←

汚れがよく落ちるのは「ぬるま湯」。
水すすぎは仕上げならOK。

肌の潤いを守り、不要な皮脂を洗い流すためにはぬるま湯が◎

皮脂は外気温が30～32℃になると、毛穴から溶け出して分泌されます。冷水で洗うと皮脂が落ちないので、もともと乾燥肌で皮脂が出ない人なら水すすぎでもいいですが、それ以外の人は、ちょっとぬるいと感じる程度のぬるま湯（35～36℃）ですすぎましょう。**すすぎの温度が自分の体温より高いと、肌の潤い成分（細胞間脂質）が溶け出してしまいます。**40℃以上のお湯は、脂性肌やニキビ肌の人には皮脂がよく落ちて効果的ですが、乾燥肌の人は意識して避けてください。

水ですすぐことのメリットは、体温との温度差が刺激となり、毛穴や血管が引き締まることです。血管は一度収縮することで血流が促され、肌に栄養が届きやすくなります。**ぬるま湯ですすいだ後、仕上げに冷水で引き締めるのがおすすめの洗い方**です。

ゆるPOINT

ちょっとぬるいかも、っていうくらいが適温。

（乾燥肌の人はとくに気を配りましょう）

ちなみにMEMO

シャワーで洗顔するのはNG

お風呂に入るついでに洗顔し、シャワーの流水で勢いよくすすいでいる人も多いと思いますが、実はこれ、NGです。水圧で肌の潤いが流れ落ちてしまいます。面倒でも手でぬるま湯をかけて。

結局のところ……化粧水はコットン？　手？

どちらでもいいんです。（化粧水をケチらなければ）

コットンだと均一になじませることができますが、量が少ないとコットンの繊維が摩擦を起こしてしまいます。手でつけるのは手早く簡単ですが、量が少ないとムラになることがあります。要は、**手でもコットンでも、化粧水をケチらないことが何より大切**です。

「ブースター美容液」って
そもそも何？

次に使うアイテムのために働くもの。
（絶対必要なものではありません）

「ブースト」とは「活性化させる」という意味。**次に使う化粧水の浸透を助けるような処方になっている美容液**です。乳液タイプのものもあります。ただし、化粧水は単独で使っても肌に浸透するので、ブースターの使用はマストではありません。

ちなみにMEMO

ふつうの美容液を最初に使うのはアリ？

美容液のテクスチャーによっては、肌が水分で湿っているほうが浸透しやすかったり、肌表面に膜を作って次のアイテムの浸透を妨げたりすることも。自己流の使い方は得策ではありません。

ダブル洗顔不要のクレンジング。本当に不要？

不要です。ただし、落としすぎに注意。

「ダブル洗顔不要」と表示されたクレンジング料や、洗顔料でも「メイクも落とせる」と表示されたものがあります。これらは、さまざまな汚れを一度洗いでしっかり落とせるよう、洗浄力が強め。**肌の潤いを奪ってしまう可能性が高い**ので、なるべく使用を避けて。

なるほどMEMO

アイメイクは別に落とそう

アイメイクまで一度に落とせるクレンジング料は、それだけ洗浄力や刺激が強いので、なるべく避けて。とはいえ落とし残しはトラブルの原因。リムーバーでやさしく丁寧に落として。

日焼け止めだけならクレンジングはいらない？

←

基本的には必要です。

（クレンジング不要、と書いてなければ）

多くの日焼け止めは、簡単にくずれるようでは意味がないので、落ちにくい油分を使い、密着力の高い処方になっています。そういうものは、クレンジング料を使ったほうがすっきり落とせます。ただし、ナチュラルコスメなどでクレンジング不要と書かれているものは別。

なるほどMEMO

クレンジング不要のメイクもあります！

メイクも日焼け止め同様、しっかり密着するメイクや濃いメイクはクレンジングが必須ですが、植物オイルやパウダーだけを使った軽いメイクなら、石けんで落とすことができます。

家から一歩も出ない日は日焼け止めを塗らなくていい？

（素肌のほうが肌にいい気がします）

←

塗ったほうがもちろんいいけど、1日くらいならいいんじゃないかな。

（日差しがたっぷり入る部屋じゃなければ）

COLUMN 05

そもそも……「下地+ファンデ」vs.「日焼け止めだけ」どっちが肌にいいの？

肌を守るという意味ではどちらも必要です

肌の老化の原因は、その大半が紫外線や大気汚染などの外的要因だといわれています。**すっぴんだと肌は丸腰の無防備な状態。**それよりは、下地でもファンデーションでも、何か塗っておいたほうが肌を守ることができます。下地やファンデーションにはカバー力を出すために必ず粉が配合されていて、粉の散乱作用によって、たとえSPF表示がないとしても、紫外線をある程度カットしてくれます。

でも、それよりいいのは**日焼け止めをきちんと塗ることです。PA値が高いものを選べば、シワやたるみの原因となるUVAもカットしてくれます。**

いずれにしても、素肌のほうが肌にいいというのは間違った考え方。日中は肌をきちんと保護する意識を！

ブースター、オイル、化粧水、乳液、美容液、クリーム、マスク……

同じメーカーじゃないと塗る順序がわかりません

←

「水分量の多いものから少ないもの」「テクスチャーの軽いものから重いもの」が基本。

肌にしっかり浸透する順番で塗り、お手入れの効果を高めましょう

まずは**水分系のアイテムを肌にしっかり浸透させて、その後に油分系のアイテムでフタをするという順番で使っていくのが、スキンケアの効果を最も発揮させる使い方**です。美容液を2つ使うなどの場合は、テクスチャーが軽くて浸透しやすいものを先に、重めのものを後に使うといいでしょう。

シートマスクは、基本は化粧水の後に使います。クリームが含まれている重めのものは美容液の後に使いましょう。洗い流し不要のクリームマスクは肌を密閉する効果が高く、お手入れの最後に使うものが多いです。使うタイミングを最も迷うのがオイルですが、さらさらとした感触のものは、いつ使っても構いません（詳しくはP71に）。

最近はスキンケアアイテムの種類が増え、複雑になってきましたが、**お手入れの基本は化粧水・美容液・乳液 or クリーム**。これを柱に、自分に必要なものを足し引きしていきましょう。

ゆるPOINT

「化粧水→美容液→乳液 or クリーム」からプラスマイナスしていこう。

ちなみにMEMO

乳液→化粧水というメーカーもあります

洗顔後すぐ、コットンでたっぷり乳液をなじませることを提案しているブランドも。乳液に含まれている乳化剤の効果で肌のバリア機能をゆるめ、化粧水の浸透を促すという仕組みです。

COLUMN 06

図解 スキンケアアイテムを使う順序

（ブースター）

肌のバリア機能をゆるめる
バリア機能をゆるめ、化粧水などの浸透を促す。使わなくてもOK。

↓

化粧水

水分を補ってキメを整える
水分を補い、肌表面の乾燥を防ぐ。ふっくらみずみずしい印象に。

↓

（シートマスク）

潤いや美容成分を集中投入
肌を保湿成分や美容成分に浸すことで、肌の調子を整える。

↓

美容液

悩みに合わせて選んで
乾燥、シミ、シワ用などがあり。複数使う場合は軽いものを先に。

↓

乳液

水分と油分を適度に補給
水分が多くみずみずしいつけ心地で、配合された油分が肌を保護。

or

クリーム

多めの油分でしっかり保護
油分多めの感触で肌を包み、潤いを守る。お手入れの仕上げに。

Q オイルはどのタイミングで使うべき？

A いつ使ってもOK。最後に使えば保湿感がアップ

オイルの種類にもよりますが、ブースターとして販売されているオイルや、さらさらと軽くて浸透のいい植物性のオイルは、いつ使ってもOKです。お手入れの最初や中間に挟み込めば、ベタつかずに保湿力を高めてくれます。スクワランなど保湿力の高い動物性オイルや、アーモンドオイルやオリーブオイルなど重めのものは、お手入れの最後に使うのがおすすめ。

Q オイリーなのでクリームが苦手です

A 乳液を使って。美容液で終わらせるのはNG

年を重ねるとともに減っていく肌の水分や油分を補い、外的環境から守るのが乳液・クリームの役目。どちらかひとつ使えばいいので、皮脂が多い人は乳液を。美容液で終わらせると保護膜がなくなり、かえって皮脂が多く出てしまうこともあるので、乳液は必ずつけましょう。逆に皮脂が少ない場合は、クリームをたっぷりつけて。

Q 「角質ケア」はいつ使うのが正しい？

A 基本は、お手入れの最初に使います

代謝が下がる30代以降は、肌表面に不要な古い角質が滞りがちに。それを取り除くのが、角質ケア化粧品です。フルーツ酸など〝酸〟の力で角質の結びつきをゆるめるのですが、その効果を発揮させるためには洗顔後すぐの肌に使用します。毎日使う美容液タイプ、週1～2回使う洗い流しタイプのほか、洗顔料に角質ケア成分が含まれた手軽なタイプもあります。

透明感のある肌になりたいんです

←

肌がくすむ原因は、

「乾燥」「角質」「メラニン」「血行不良」。

透明感を手に入れるには それなりの努力が必要です

誰もが憧れる、「透明感」のある肌。その逆は「くすみ」ということ。シミやシワは比較的原因がシンプルではっきりしているのに対し、**肌がくすむ原因はさまざま。そのひとつずつを解消していく必要があります。**

まずは肌が乾燥して、水分量が低いせいでくすんで見える場合。化粧水や美容液、クリームなどで水分と油分をバランス良く与えると、肌は水分をたっぷり含んで光の屈折率が上がり、明るい印象に見えます。もうひとつ、即効性があるのが、不要な古い角質を取り去るケア。古い角質は色がワントーン暗いので、角質ケアをすると、曇りガラスが晴れたように明るい印象に。

そのほか、色の問題で透明感を妨げるのが、メラニンと血行不良です。美白ケアをして肌のメラニン量を減らす、マッサージやコスメで血行を促して肌に赤みをプラスする、などのお手入れを、根気良く続けることがカギです。

ゆるPOINT

原因をつぶしていくしかありません。

（透明感だけは、ゆるいお手入れでは作れません……）

忙しい朝に念入りなスキンケアって必要？（夜にきちんとすればよくない？）

←

朝のお手入れはとても大切。

夜はそのまま寝てしまうだけですが、**朝は過酷な環境で一日を過ごす前に、きちんと肌を守るケアが必要**です。朝は忙しくて……と感じるなら、夜はシンプルケアでさっさと寝てしまい、その分、朝5分早く起きて、しっかりお手入れすることをおすすめします。

「日焼け止めは塗り直しが必要」って言うけど、みんなどう塗り直してるの？

粉やスプレーなどで対策を。

（海や山などアウトドアシーンは別）

確かに、ファンデーションやお粉で仕上げた肌に、乳液やクリームタイプの日焼け止めを塗り直すのは非現実的。日中の塗り直し用には、パウダータイプやスプレータイプの日焼け止めを使うのが手軽です。**スプレーはたっぷり多めに使うようにしましょう。**

なるほどMEMO

ファンデを塗るだけで日焼け止め効果が

ファンデーションにはリキッドでもパウダーでも粉体が配合されていて、それが紫外線を散乱させます。フェイスパウダーも同様。夏場は必ずメイクして出かけるようにしましょう。

化粧直しの正解がわかりません

← 無理に直さなくてもOK。
（日焼け止めだけは気をつけて）

皮脂やヨレた部分を拭き取ったらファンデーションを重ねて

日中、肌がテカっていたり、ファンデーションが多少ヨレていたとしても、それが肌トラブルに直結することはありません。なので、これはその人の価値観の問題かもしれません。見た目的に浮いた皮脂が気になるなら、ティッシュやあぶらとり紙でオフして。ヨレやくすみがどうしても気になるなら、乳液を含ませたコットンで軽くオフしてしまうのもいいと思います。そのあと、できればSPF・PA表示のあるファンデーションやフェイスパウダーを重ねて。室内で過ごすのがメインなら、表示がないものでもOKです（ファンデーション類には多少の日焼け止め効果があります。P67参照）。

ちなみに、**日中皮脂が出るのは肌が健康である証。むしろ皮脂が出なくて乾燥するほうが問題です。**皮脂でメイクがテカって困るという人は、皮脂を吸着してくずれにくい下地を選ぶなど、朝のメイクを工夫してみましょう。

ちなみにMEMO

メイクの上からミストやスプレーをするのはNG？

ただのローションミストだと一瞬は潤ったように感じても、その後水分が蒸発し、かえって乾燥を招くことも。振って使う２層タイプなど、オイルが配合されたミストを使うのがベターです。

ゆるPOINT

多少テカテカしても肌的には問題ありません。外にずっといるなら日焼け止めだけ気にしよう。

唇の皮がむけたらどうすればいい？

無理にむかずにお手入れを。

薄くめくれた部分が気になっても、無理にむかないようにしましょう。健康な部分まで剥がれてしまいます。**唇のターンオーバーは早いので、リップクリームで保湿しておけば2〜3日で改善します。**アズレンなどの消炎成分が入ったものがおすすめ。

ちなみにMEMO

はちみつもアリ！

はちみつの成分は約80％糖質で、肌あれをケアするビタミン類（ナイアシンなど）を含んでいます。水分が少ないので、唇に塗ると空気中の湿気を吸い寄せ、唇を潤してくれます。

顔のうぶ毛は剃ってもいいの？こめかみはどこまで剃るもの？

←

体毛とうぶ毛は違うもの。剃ってOK。
（ちなみに、**もみあげはあっても可愛いですよ**）

体毛や毛髪は、肌を刺激から守り、体温を維持するためのもの。その役目が不要になり退化したのが「うぶ毛」なので、剃っても問題はありません。こめかみやもみあげなどは**ギリギリまで剃ると不自然になるので、髪の生え際から少し間をあけて剃るといいでしょう。**

ちなみにMEMO

処理のあとは念入りにアフターケアを！

カミソリでうぶ毛を剃るときは刃を肌にぴったりあてるので、うぶ毛と共に肌表面の角質も落としてしまいます。できれば紫外線を浴びない夜に剃り、処理後は乳液などでしっかり保湿を。

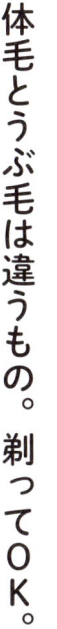

COLUMN 07

みんなが気になる いろんな「毛」のお手入れについて

Q ヒゲは?

A クリームを塗って、上から下へ剃る

口まわりのうぶ毛はカミソリで剃ってOKです。剃る前にクリームなど、肌とカミソリの間でクッションになるものを塗り、毛の生えている向き(上から下)に沿って。凹凸部分は指で軽く皮膚を引っ張るときれいに剃れます。

Q 鼻毛は?

A はみ出し部分だけをハサミでカット

鼻毛は、うぶ毛ではなく「体毛」です。呼吸のときに異物が体内に入るのを防ぐ大事な役割をもつので、鼻の穴の中に生えた毛を処理するのはNG。鼻から飛び出した部分だけを、ハサミで1本ずつ丁寧にカットしましょう。

Q VIOは?

A 必要な毛なので、残すのがベター

美意識の高い女性の間で話題の「VIO脱毛」。Vはビキニライン、Iは陰部の両側、Oはお尻の穴の周囲を指します。Vラインからはみ出す部分の毛は処理しても構いませんが、粘膜に近い部分の毛は、体を保護したり菌の侵入を防ぐ役目をもっているので、本来残しておくべきもの。処理すると感染症のリスクも高まります。もし処理したいなら、刺激が重なるワックス脱毛よりもレーザー脱毛がおすすめ。処理後は常に清潔を意識して。

残しておくべき
毛もあるよ

最新・脱毛事情

おすすめの脱毛方法は？

安心・確実なのは医療レーザー脱毛

皮膚科医の立場でいえば、**最も皮膚に負担が少ないのは「レーザー脱毛」**です。カミソリやワックス、除毛剤などは処理のたび、皮膚や毛穴に負担がかかるので、何度も行えば色素沈着につながることもあります。

最近はエステサロンで安価に受けられるレーザー脱毛も増えましたが、多少高価であってもクリニックで受けることをおすすめします。医療用のレーザーはパワーが強いので根元からしっかり、永久的な脱毛が可能。専門知識をもった看護師または医師が処理するので安心です。

またレーザー脱毛は、理想の状態になるまで毛周期に合わせて定期的に通う必要があります。**通いやすく、自分の予定に合わせて予約を入れやすいクリニックを選ぶのも大切なポイント**です。

ざっくりとまとめると……

- □ エステサロンよりクリニック
- □ 目先の価格で判断しない
  （結局高くつくことも）
- □ 予約のとりやすさも大事

「もんだらやせる」って本当？

（太もものセルライトは一度できたらとれない？）

←

本当です。
セルライトも目立たなくできます！

セルライトとは、冷えや代謝の低下によって皮下脂肪の周辺に水分がたまったり、コラーゲン線維が固くなったりしてできるもの。代謝を促して脂肪を減らしたり、たまった水分を流せば目立たなくなりますが、そのために**マッサージは有効です。ぜひ毎日行って！**

ダイエットは冬のほうがいいって本当？

ベストなタイミングは夏。冬はため込む季節です。

人間は恒温動物なので、寒い冬は体温を維持するために体が脂肪をため込むモードになります。**外気温が上がって汗をかき、脂肪を燃焼しやすくなる夏のほうがやせやすい**です。冬は体を冷やさない格好をして、温かい食事や飲み物をとるように心がけましょう。

ちなみにMEMO

生理中より生理後！

女性ホルモンのバランスも、ダイエットに大きく影響。生理前は妊娠に関わる黄体ホルモンが優位で太りやすく、生理後は排卵に関わる卵胞ホルモン（エストロゲン）が優位になって、やせモードに突入します。

傷んだ髪はもう元には戻らないの？

←

戻りません。
（予防、あるのみです）

髪は死んだ細胞。傷まないよう大切に守って、美髪をキープ

髪は、死んだ細胞の集まりです。肌の場合はダメージを受けると奥から新しい細胞が生まれ、トラブルを修復するよう働きますが、今ある髪が修復することはありません。毛根から新しい髪に生え変わるのを待つのみです。

ただし、**ヘアケア剤で傷んだ部分を埋めたり、トリートメントやオイルなどでコーティングし、見た目をなめらかに見せることは可能**です。パサつきや色褪せが気になるときは、積極的に取り入れるといいでしょう。

ちなみに、髪が傷む原因はカラーやパーマはもちろん、日常生活にも潜んでいます。ひとつは、紫外線や大気汚染によるダメージ。もうひとつは、シャンプーやタオルドライ時、乾かさずに寝るなど、濡れてキューティクルがふやけたときに起こる摩擦。とりあえず、**洗ったらすぐに乾かしてキューティクルを閉じるだけでも、ダメージを防ぐことができます**よ。

ゆるPOINT

「髪は濡れているときに傷む」とだけ覚えておいて！

ちなみにMEMO

髪の5大傷み要因

1　紫外線
2　カラーやパーマ
3　大気汚染
4　ドライヤー
5　摩擦

第2章のおさらい

「基本のお手入れ」ホントのところをあらためてチェック！

Q1 同じスキンケアアイテムを使うと**肌が慣れてしまう**

Q2 **肌断食**をして肌に活を入れたい

Q3 **日焼け止め**しか塗ってないからクレンジングはいらない？

Q4 **オイル**はどのタイミングで使えばいい？

Q5 忙しい朝に**丁寧にスキンケアする時間**はありません

Q6 **ヒゲ**が気になります。剃ってOK？

Q7 **セルライト**って一度できたら取れない？

A1
慣れません
↓
P56

A2
入れてはいけません。入れられません
↓
P58

A3
必要です。日焼け止め=メイクと思って
↓
P65

A4
オイルの種類によります
↓
P71

A5
働く女性は大変だけど朝のお手入れは大事
↓
P74

A6
OKですが、剃る前にクリームなどを塗ること
↓
P80

A7
完全には難しいけどマシにはなります
↓
P82

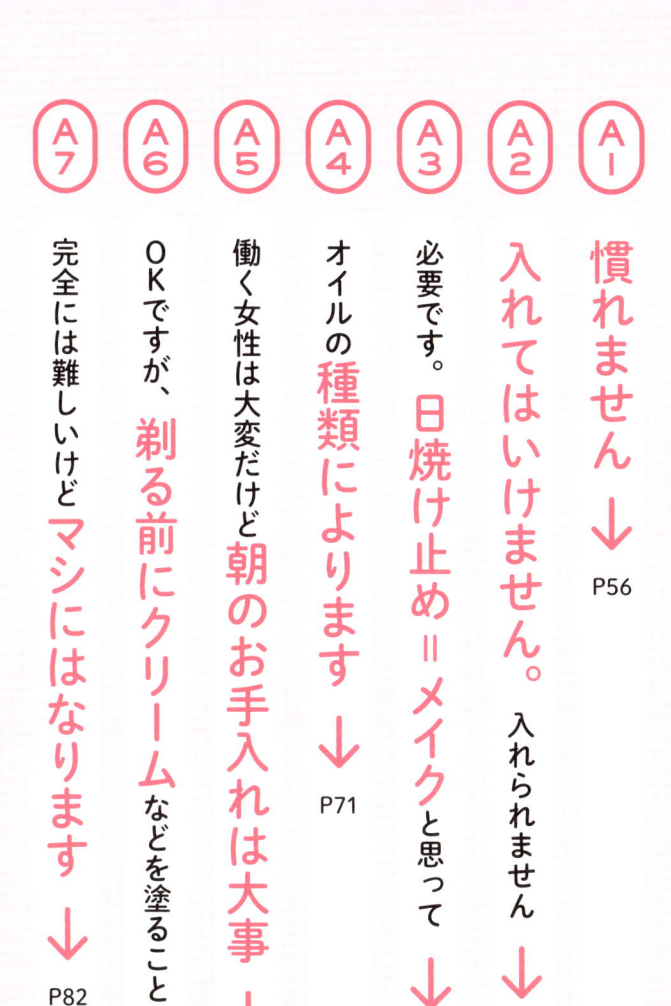

第3章

誰も教えてくれなかった

肌のこと、化粧品のこと

〝そもそも〟美容

日本女性のほとんどが「インナードライ肌」って本当？

←

増えているのは事実です。
最近はメイク開始年齢が若く、
乾燥を招く要因が昔より増えています。

角質ケアやクレイマスク、スクラブなどのやりすぎも危険

患者さんの肌を診ていると、最近はオイリー肌が極端に減っていると感じます。とにかく乾燥するという人や、表面はベタついていても水分量が少ない人。水分保持力が低下したインナードライ肌は確実に増えています。

その原因の多くは、お手入れにあります。まず、クレンジング料や洗顔料の機能が高くなったこと。角質ケアやクレイマスク、スクラブなど汚れを落とすアイテムが増え、**全体的に「落としすぎ」の傾向にあります。**また、メイクをし始める年齢も昔より若くなりました。若いうちはクレンジングも雑になりがちで、肌の乾燥を招く大きな要因になります。

さらに、環境の変化も影響しています。**どこに行っても一年中エアコン完備、さらにPM2・5などの大気汚染物質も肌の潤いを奪ってしまいます。**

落とすお手入れのやりすぎに注意し、充分な保湿を心がけましょう。

ゆるPOINT

お手入れのやりすぎが乾燥を招くことも！「落とす」ケアに要注意。

ちなみにMEMO

乾燥を招く5大要因

1. 環境（空調の発達、PM2.5など）
2. クレンジングの負担
3. 角質ケア
4. 不規則な食生活
5. 加齢

カッサや小顔ローラーはシワを作る？

肌への摩擦は、シワ、たるみのもと。（刺激によってメラニンが増えてシミにも！）

美容ツール類は、使うときに力をかけすぎると肌に摩擦の刺激を生み、表面に色素沈着を起こすだけでなく、真皮のコラーゲンやエラスチンにもダメージを与えてシワ、たるみの原因となります。赤みが残るほど**強く力を入れたり、長時間行うのは避けましょう。**

COLUMN 08

日本人の肌は色素沈着しやすい

マッサージにも要注意。実はあかすりも危険!

食生活や気候の違いから、同じアジア人でも韓国人や中国人と、日本人の肌質は異なります。彼らの肌は、肉や油を多くとっているせいかしっとりと保水力が高く、色素沈着が起こりにくいので、カッサもあかすりもOK。でも、

日本人が同じようにやると摩擦に耐えられず色素沈着を起こしてしまいます。

肌にとって、横方向に動かす刺激は負担となります。肌の代謝を促したいなら、マッサージよりも、直角の刺激となるツボ押しのほうがベター。むやみなお手入れは逆に肌の老化を招くこともあるので、注意しましょう。

ゆるPOINT

肌を「動かす」のはシミ、シワ、たるみのもと!と覚えておきましょう

冬でも日焼け止めは必要？

←

絶対、必要です！
紫外線のうち、UVAはあまり季節に左右されず、冬も注意が必要です。

シワ、たるみの原因になるUVAは、冬も降り注いでいます

地上に到達する紫外線には、波長の長さによって「UVB」と「UVA」の2種類に分けられます。波長の短いUVBは、日焼けやシミの原因になるもので、夏場に量が増えて秋冬は減ります。冬場に注意したいのは、波長が長く肌の奥まで到達し、シワ、たるみの原因となるUVA。年間を通して量があまり変わらず、さらにガラスを通して室内にも入ってくるのです。

紫外線は目に見えず熱を感じることもないので、冬場はつい油断してしまう人も多いと思います。でも、日焼け止めを塗らないとUVAは確実に肌へダメージを与えます。日焼け止めでも下地でも、UVカット効果のあるアイテムを必ず塗るようにしましょう。

日焼け止めを選ぶ目安は、日常紫外線の場合、夏場はSPF35程度・PA+++以上、冬場はSPF20程度・PA++以上。特に冬は、UVAをカットするPA値を意識して選びましょう。

ゆるPOINT

日焼け止めでも下地でも、UVカット効果のあるアイテムを、一年中使いましょう。

ちなみにMEMO

リゾートでは夏と同様に

スキーや登山など、冬でもアウトドアでは夏と同様、SPF50（または50+）程度・PA++++以上の日焼け止めを使って。長時間浴びる紫外線や、雪の照り返しによるダメージを防いでくれます。

保湿しすぎもよくないって本当？

← 問題は自分の肌ヂカラとのバランス。油分の与えすぎはトラブルになることも。

油分の量がポイントです。肌の皮脂分泌が充分にあるのに、油分をたっぷり塗って肌にフタをしてしまうと、ニキビの原因に。逆に肌がカサカサと粉を吹くような人は、油分を与えると改善します。「保湿しすぎると肌が怠ける」という心配はありませんが、**自分の肌質に合わせた保湿を心がけましょう。**

COLUMN 09

クリームやオイルの「保湿力」の真実

成分や製法により、保湿力は大きく異なります

クリームやオイルは保湿効果が高い、というイメージがありますが、実際は一概にそうとも言い切れません。

さらっとした植物由来のオイルは肌を覆うラッピング効果が少なく、潤い保持力は少なめ（スクワランなど動物性のオイルには保湿効果があります）。

クリームも、製法によって保湿力が異なります。最近多い「O／W」製法（水性の基剤の中に油の粒が浮いている）**のクリームは、みずみずしく心地いいのですが、潤い保持力は少なめです。その逆の「W／O」製法**（オイルベースに水が溶け込んでいる）**のクリームは、しっかり潤いをキープしてくれるので、乾燥肌にもおすすめです。**

ゆるPOINT

クリーム＝しっかり保湿、じゃありません。乾燥肌の人はとくに気をつけて選ぼう。

ちなみにMEMO

クリームの2大製法
「O／W」または「W／O」

オールインワンアイテムって本当に一品でいいの？

手軽で人気のゲル状は成分を要確認！時間がないとき、たまに使うのはアリ。

オールインワンアイテムにはゲル状のものが多いのですが、油分が入っていないゲルの場合、たっぷり塗っても潤いがもの足りなく感じることも。**たまの手抜きとして使うのはアリ**ですが、そのときも、できるだけ油分や保湿成分が入ったしっとりタイプを使うようにして。

ニベアの青缶で肌改善できるって本当？

油分の膜を作りやすい処方なので乾燥肌の人にはおすすめです。

こっくりとリッチで、まるで高級クリーム!?かと思わせる感触の「ニベア」。もちろん中身は異なりますが、**オイルベースに水が溶け込んだ「W／O」製法なので、油分の膜で肌の水分を守ってくれます。**皮脂が足りない乾燥肌なら、しっとり柔らかくなりますよ。

オーガニックコスメ、ナチュラルコスメは肌にやさしい？

←

「肌にやさしい」「肌にいい」という意味ではありません。

さまざまな微量成分を含む天然成分には、予測できない刺激が不安定で変質しやすい場合もあります。もちろん肌に合えばパワフルな植物の力を堪能できますが、やさしいお手入れをしたいなら、むしろ科学の力で安定化された化粧品を使いましょう。

ちなみに、オーガニックコスメは有機栽培された植物を使ったコスメ、ナチュラルコスメは自然派のコスメですが、**日本には認証機関がないため、配合率や製法は各メーカーに任されています。**まさに玉石混交の世界なので、選ぶ側の知識や判断力が重要です。

自然なものは人にやさしい、というイメージがありますが、肌にとってはそうではありません。

例えば皮膚科では、肌あれしている人にはワセリンだけを塗るよう指導します。最も精製された油であり、不純物が肌に刺激を与えることがないからです。その逆で、**自然のままの成分はさまざまな微量成分を含んでいるので、人によってはトラブルの原因に。**

ゆるPOINT

オーガニックコスメはむしろパワフル。日本では規制もないのでしっかり厳選して。

ちなみにMEMO

世界にある
オーガニック認証機関

- ECOCERT《エコサート》(フランス)
- NATRUE《ネイトゥルー》(ベルギー)
- demeter《デメター》(ドイツ)
- USDA《ユーエスディーエー》(アメリカ)　など

アイクリームで目尻のシワって消えるの？

←シワ改善の有効成分入りなら期待してOK。

一般的なアイクリームは、皮膚が薄く敏感な目元のために処方されたもの。**保湿効果で表面のちりめんジワが薄くなることはあっても、深いシワは消えません。**ただ、「ニールワン」や「レチノール」「リンクルナイアシン」など、シワ改善に効果のある有効成分が入ったコスメは、根気よく使うとシワを薄くすることができます。

白目をクリアにする目薬って刺激が強いって本当？

←

瞬間的に白くなりますが、使いすぎは禁物です。

白目をクリアにする目薬の働きの多くは、一時的に毛細血管を収縮させること。即効性がありますが時間が経てば元に戻るので、ここぞというときに使う程度なら問題ありません。ただし**毎日のように使っていると血流が悪くなり、目に栄養が行き届かなくなるので注意。**

今使っている化粧品が自分に合っているのかわからない

化粧品で肌が「変わる」のはむしろNGのサイン。

コスメで肌が劇的に良くなることは、ありません

スキンケアコスメを新調して、しばらく経ってもこれといった効果が見られない。しっとりして感触も悪くはないけど、効いてる〜という感じもしない……。それは、むしろあなたの肌に合っている証です！ **化粧品は薬ではないので、肌に合っている場合、使ってすぐに劇的な変化は起こりません。**むしろ合わないと、乾燥して突っ張ったり、ニキビができたり肌があれたり、ピリピリしたりという、マイナス方向の変化が起こります。よくそれを「好転反応」と表現する人もいますが、それも化粧品では起こらないこと。合わないコスメはすぐに使うのをやめたほうがいいでしょう。

ちなみに、何も起こらないからといって〝効かない〟わけではありません。日々健やかで潤った肌をキープすることこそが、コスメの役割です。長期的にはエイジングケアにつながるので、ぜひそのまま使い続けて。

ゆるPOINT

トラブルがないのは〝いい知らせ〟。「好転反応」という言葉にだまされないで。

ちなみにMEMO

「好転反応」は美容医療で起こることはあります

メスを使わないレーザーなどの美肌治療では、肌を一旦傷つけることで新しい細胞の再生を促す、という手法が主流です。その際に、肌が一時的に不調になる「好転反応」が起こることも。

COLUMN 10

自分の肌質がわからない

肌質とは、皮脂量と潤いを保つ力のバランスのこと

肌質とは、肌の「皮脂量」と「保湿能力」のバランスで決まります。皮脂は多いとベタつきますが、水分を逃がさず守るという大切な役割ももっています。保湿能力とは、肌が天然保湿因子を生み出し、保持する力のこと。2つのバランスによって、一般的に4つのスキンタイプに分けられます。詳しくは左の図をチェックして。

ちなみに肌質は生まれつき100%ではなく、年齢やスキンケア、生活習慣、環境などによって変わります。季節でも変わるので、こまめにチェックし自分に合うお手入れを取り入れて。

ゆるPOINT

肌質は日々変わります。そして肌質はスキンケアで変えられます！

肌質を決めるのは……

- □ 性別 □ ホルモン □ 年齢 □ 体温
- □ 食事 □ 気温 □ 生体リズム
- □ 睡眠 □ 運動 □ スキンケア　など

自分の肌質を知ろう

ノーマルスキン（普通肌）

保湿能力が高く、皮脂量は適度にある。きめ細かく、弾力もあり。バランスがいいので外気の変化に柔軟に対応し、トラブルに強い。

オイリースキン（脂性肌）

皮脂量も保湿能力も高い肌質。しっとりしている反面、脂っぽく、毛穴が大きく、夏はニキビができやすい。ただしシワにはなりにくい。

保湿能力：高（しっとり）／低（カサカサ）

皮脂量：少（脂っぽくない）／多（脂っぽい）

ドライスキン（乾性肌）

皮脂量も保湿能力も低く、バリア機能が低い。外気の影響を受けやすく、冬は粉を吹くほど乾燥することも。きめ細かいが小ジワに注意。

インナードライスキン（乾燥性脂性肌）

皮脂量は多いが保湿能力は低い肌。一見脂っぽいのでオイリーに見えがちだが、内部の潤いが少ないのでハリがなく、細かいシワも。

増えてます「コンビネーションスキン（混合肌）」

例えばTゾーンは脂っぽいのに頬はカサカサ、など顔の中で4つのスキンタイプが混在しているのが混合肌。ホルモンバランスの関係で、30歳を過ぎると混合肌になる人が増える傾向にあります。

すぐ口内炎になるし、口角が切れます

←

ビタミンB不足です。
豚肉やレバーをとりましょう！
睡眠不足や疲労にも気をつけて。

甘いものばかり食べていると ビタミンは補えず、減るばかり

口内炎や、口角が切れる口角炎の原因は、ビタミンB不足であることが多いです。**ビタミンBは、肌の調子を整えるのに欠かせないもの。**食事でとった糖質やたんぱく質、脂質をエネルギーに変え、肌や粘膜（口内は粘膜です）の成長を促す働きをもっています。

ダイエットのために食事を控えたり、食事がわりに甘いもので済ませたりしていませんか？　お菓子にはビタミン類が入っていないうえ、糖質の代謝にビタミンが使われてしまうので、ますます栄養不足に。甘いものはほどほどにして、肉も魚も野菜も、バランス良く食べましょう。

睡眠不足や疲れ、ストレスなどによっても体内のビタミンはどんどん消費され、肌に使われる分が減ってしまいます。**肌の調子を整えるためには、規則正しくストレスをためこまない生活と、いい食事。当たり前のようですが、これに勝る美容法はありません。**

ゆるPOINT

当たり前だけど……バランスよく食べて、深く寝て！

ちなみにMEMO

ビタミンBを含むのはどんな食べもの？

ビタミンBにはB2、B6、B12などの種類がありますが、バランス良くとるのが効果的。豚肉、レバー類、うなぎ、さんま、たらこ、ナッツ類、牛乳などを意識してとるようにしましょう。

ちなみにMEMO

肌状態が悪いときに食べるべきは？

ビオチンという栄養素があります。ビタミンHとも呼ばれ、皮膚炎を予防し、肌の調子を上げるのに有効です。レバー類やいわし、卵、ピーナッツなどに含まれます。サプリメントもあります。

人気の炭酸美容。何に効いてるの？

血行アップ効果はあります。おすすめは入浴剤。

炭酸水を肌に塗ると毛細血管に刺激を与え、血行を良くする効果があります。ただ空気中に抜けやすいので、炭酸入り化粧水などの効果は一時的なものです。**入浴剤で炭酸を水中に長く留めるように工夫されたものは、全身に一気に作用するのでおすすめ**です。

ちなみにMEMO

水素水ブームってどうなった？

水素に活性酸素を除去する働きがあるのは事実ですが、それが体内で効果を発揮する保証はありません。また水に溶かした水素は気化してしまうので、水素水の効果そのものも曖昧です。

あぶらとり紙は脂を吸いすぎるから使っちゃいけない？

←

正しく使えば何の問題もありません。

あぶらとり紙でさっと吸収できるのは、肌表面や毛穴の中にある、あくまで余分な皮脂です。必要な皮脂まで吸い出してしまう、なんてことはありません。ただし、**ぎゅうぎゅう押したり毛穴の皮脂を絞り出すなど、肌に強い刺激を与えるのはNG。**使い方に注意して。

あぶらを絞り出すのはやめようね

欲しい化粧品って高い！何に一番お金をかけるべき？

←

やさしく落とすクレンジングと化粧品会社の看板商品、美容液を。

（でも続けられることが大事）

COLUMN 11

高い化粧品vs.安い化粧品。ホントのところは？

高額なものは中身もリッチ。ただし安価でいい製品もあります

化粧品の価格には、さまざまな要素が反映されています。成分などの原料代はもちろんですが、研究開発にまつわる費用、容器やパッケージ、それに広告宣伝費も加算されます。

つまり、**必ずしも価格と効果が比例するわけではありません。**例えば長年使われてきた効果に定評のある成分を採用しているコスメは、研究費用がかからない分、安価でおすすめです。ただし、高価な製品にはいい成分がしっかり入っているというのもまた事実。**気になる一点を豪華に取り入れて、ほかで調整するのも選択肢のひとつ**です。

ゆるPOINT

たまーに高いものを使うのもおすすめですよ。

（ケチケチ使いはしないでね）

美容液とクリームって何が違うの？

クリーム状の美容液ならクリームはいりません。

美容成分がしっかり含まれ、肌の悩みをケアしてくれるのが美容液。肌の潤いを守ってくれるのがクリームです。ただし、美容液はその基剤（美容成分を混ぜ込むベースとなる素材）の基準が決まっていないので、もし**クリームを基剤にした美容液（クリーム状美容液）を使うのであれば、さらにクリームを重ねる必要はありません。**

ちなみにMEMO

クリームもいろいろです（P97参照）

肌を包み込むリッチなものから、みずみずしく軽いものまで、最近はいろんなクリームがあります。ただ、クリームの効果は「潤いを守ること」ですから、しっかり守れる油分ベースのクリームがおすすめです。

美容オイルはどのタイミングで使うべき？

動物性か植物性かで決まります。

天然由来の美容オイルは、原料によって動物性と植物性に分かれます。サメ由来のスクワランやラノリンといった**動物性のオイルは、肌の潤いの元である細胞間脂質の代わりとなってくれるので、肌にフタをするように最後に使うのがおすすめ。**植物性のさらさらしたオイルは美容液感覚で考え、化粧水の前でも後でも、いつ使ってもOKです。

サプリメントって飲み続けないといけないの？

成分次第ですが、最近の女性はビタミン不足。マルチビタミンは飲み続ける価値ありです。

ホルモン様の働きのものをとり続けるのは問題ですが、ビタミンサプリ、特に水溶性のビタミンCやBは体内にためておくことができないので積極的にとりたいもの。最近は野菜のビタミン含有率が減っているので、**マルチビタミンサプリをとっておくと安心**です。

ちなみにMEMO

ドリンクタイプのものは？

ビタミンBやCなど水溶性の栄養素は、ドリンクだと多く配合でき、効率がいいといえます。ただし、飲みやすくするために人工甘味料が配合されているものも多いので、頼るのは避けて。

化粧品の使用期限がわかりません！

←

スキンケア化粧品なら、開けて半年、未開封で3年、が目安。

スキンケア化粧品は、開封後半年以内に使い切りましょう。未開封なら購入後3年以内が目安です。**保存料が少ないナチュラル系コスメの場合、オイルが酸化することがあるので早めに**使って。メイク化粧品のパウダー系アイテムは、開封しても1年程度は使えます。

〝そもそも〟美容

高いマスクを週1、安いマスクを毎日。どっちがいいの？

お手入れのスタイルによります。

シートマスクの効果は、肌に水分や美容成分をたっぷり入れ込むこと。もし**普段のお手入れを手抜きしたいなら、化粧水の代わりにプチプラのマスクを毎日貼るといい**でしょう。逆に普段しっかりお手入れする人なら、週一でいいマスクを使うとより潤いが増します。

日焼けで赤くなる人、黒くなる人、同じ日焼け止めでいいの？

←

大丈夫です。問題はアフターケア！

どちらの肌タイプも、**しっかり塗れていればどんな日焼け止めを使っても大丈夫**です。ただし、日焼け後のお手入れは自分の肌に合わせること。赤くなる人は炎症が起きているので鎮静や抗酸化のアイテムを使い、黒くなる人はメラニン生成を抑える美白アイテムを。

化粧品って、種類も会社もあまりにも多くて、何を選んでいいのかわかりません！

←

自分に合っている（トラブルがない）ことが大切。あとは、「続けられること」を重要視して。

トラブルが起きなければ基本、何を選んでもOKです

化粧品は薬ではないので、基本的にルールはひとつだけ。**使っていてトラブルがないこと＝自分の肌に合っていること。そこさえ満たしていれば、あとは何を選んでもOK**です。ただ、香りや感触、パッケージなどが**「好きかどうか」は重要。無理なく続けられる価格もポイント**になります。

今は本当にたくさんの化粧品があって、迷うのも当然。参考までに、いくつか特徴を挙げてみましょう。まず国産ブランドだと、デパートコスメは成分から処方、パッケージまでこだわったものが多いです。通販やドラッグストアコスメは価格を重視し、こだわりはほどほど。ドクターズコスメにはやさしいものと攻めたものがあります。

植物療法に長けたフランスのブランドは、植物の効能を発揮させやすい処方。アメリカのブランドはマーケティング重視で特徴が明確であることが多いです。

ゆるPOINT

香り、テクスチャー、パッケージ、世界観、そして価格。自分にぴったりとくる、好きな化粧品を選びましょう。

ちなみにMEMO

昔ながらの成分は信頼できます

「新規成分配合！」などというコピーを見るとつい惹かれてしまいがち。でも、ビタミンCやアミノ酸、セラミドなど、おなじみの成分はエビデンスも多く、肌への安全性と効果の両面で信頼できるものです。

第3章のおさらい

「肌のこと、化粧品のこと」

ホントのところをあらためてチェック！

Q1 むくみがとれるから**小顔ローラー大好き！**

Q2 **日焼け止め、**面倒だから**冬は塗りません**

Q3 お手入れは一品でOK！の**ゲルだけ**

Q4 食べ物もコスメも**オーガニック♥**

Q5 **自分に合った化粧品**をいつも探しています

Q6 リップクリームを塗っているのに**口角が切れる**

Q7 いつも適当でも**週1は超高いマスクで相殺！**

A1
やめましょう。たるみます！
↓
P92

A2
日焼け止めを一年中、は常識です
↓
P94

A3
そのゲル、本当に大丈夫？
↓
P98

A4
オーガニック＝やさしい、ではありません
↓
P100

A5
化粧品で肌が変わらないのはいいこと
↓
P104

A6
原因は食事や疲労。化粧品では治りません
↓
P108

A7
相殺されません
↓
P118

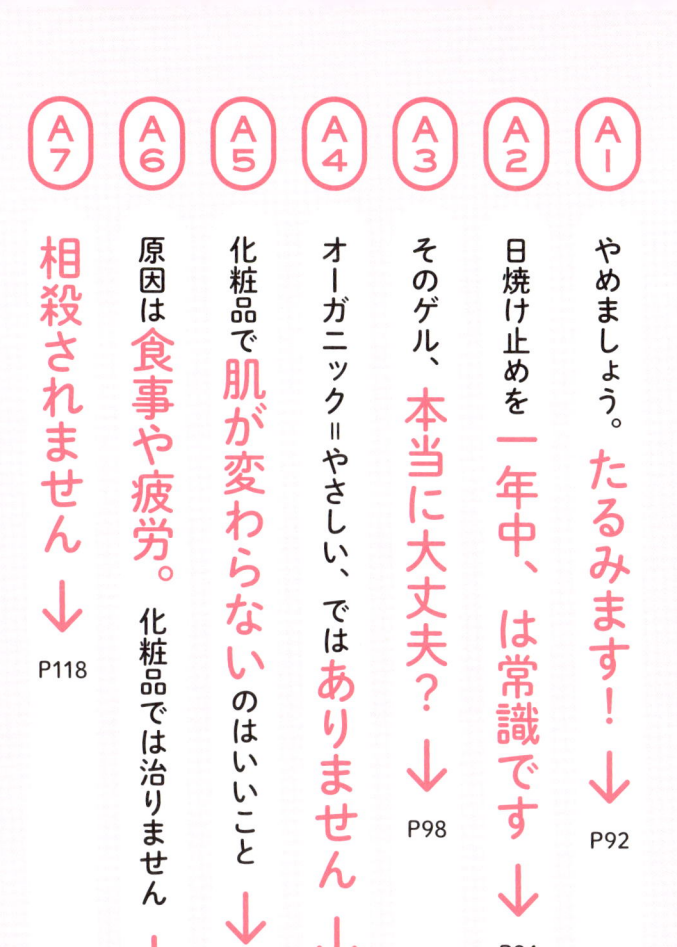

第4章

もうあきらめてました

肌のトラブルと悩み

〃お悩み解決〃美容

開いた毛穴は元に戻らないって本当？

←

開いてしまった原因により、
元に戻せることもあります。

日々の洗顔と保湿をきちんとすること

雑誌などで見る、つるんとしたモデルさんの肌に憧れて「毛穴をなくしたい」と真剣に願う人も多いようですが、毛穴をなくすことはできません。汗や皮脂を排出する大切な器官なので、なくなっては大問題です。

ただ、開いてしまった毛穴は、原因次第で小さくすることができます。まず、**肌表面が乾燥してボリュームがなくなったために目立つ毛穴は、しっかり保湿すれば元通りになります。**肌の奥の真皮がたるんで開いてしまった毛穴は、完全に元に戻すのは難しいですが、これ以上悪化させないためにエイジングケアを取り入れるのは有効です。

注意したいのは、角栓が詰まって広がった毛穴。角栓を抜いても肌が記憶しているので縮まらず、また詰まるという悪循環に。**日々きちんと洗って、角栓をためないようにしましょう。**

いずれにしても、日々のお手入れをコツコツ続けることが大切です。

ゆるPOINT

一気に解決できないのが毛穴の問題。日々のお手入れが大事です。

ちなみにMEMO

毛穴を埋めるアイテムに注意

開いた毛穴を埋めて目立たなくさせる下地などもあります。利用してもいいのですが、長時間の使用は避けて。毛穴が塞がれていると皮脂が出にくくなり、皮脂膜が減り乾燥肌の元になります。

毛穴の黒ずみをなんとかしたい

←

原因を見きわめてお手入れを！

こすったりする摩擦や皮脂による炎症で、**メラニンが沈着している場合、美白ケアを続けると薄くなる**可能性があります。**角栓が酸化して黒くなっているなら、角栓を除去するお手入れ**を。たるみによって影ができて黒く見える場合は、残念ながら消すのは難しいです。

ちなみにMEMO

黒ずみの3大原因

1 メラニンの沈着
2 酸化した角栓
3 たるみ

ベリッと剝がす毛穴パックはやっぱりNG？

はい、NGです。爪でギュッと押し出すのもNGです。

角栓が見事に取れるということは、それだけパックが肌に密着しているということ。それを剝がすときの刺激で、肌に炎症が起きてしまいます。爪や器具で押し出すのも、肌に刺激となるのでNG。**毛穴が詰まらないよう、毎日のお手入れでしっかり汚れを落として。**

ちなみにMEMO

クレイマスクやAHAなどを活用して

日々の洗顔に加え、AHAなど酸が入った美容液を使うと、古い角質がたまりにくくなって角栓を予防できます。毛穴の汚れを吸着するクレイマスクを定期的に取り入れるのもおすすめです。

チョコを食べるとニキビができる?

そもそも食べすぎなければ大丈夫。

食べ物でニキビに悪影響なのは、皮脂の分泌を促す刺激物を過剰にとること。チョコレートのカカオは刺激物にあたりますが、食べすぎなければ問題ありません。他に、**コーヒーに含まれるカフェイン、辛いもの、ナッツなど脂が多いもの、白砂糖も要注意**です。

ちなみにMEMO

ニキビにいい食べ物・悪い食べ物

○
緑黄色野菜、
フルーツ(ビタミンC)
納豆、レバー、うなぎ

×
コーヒー(カフェイン)、
白砂糖、脂の多いもの、
スパイシーなもの

胃が悪いとあごにニキビができるって本当？

←

ニキビの原因はいろいろ。あごのニキビは主にストレスや睡眠不足から。

あごのニキビには、胃よりもホルモンが関係しています。**ストレスや睡眠不足などによってホルモンバランスが乱れると、男性ホルモンの影響が出やすいあごやフェイスラインにニキビができやすく**なります。女性に多い症状です(男性のニキビは顔全体にできます)。

ちなみにMEMO

意外な盲点は「乾燥」

皮膚にはセンサー機能があり、皮脂が足りないとそれを感知して分泌を促します。乾燥した肌は角質が肥厚することで毛穴が皮脂で詰まり、ニキビができやすくなるのです。

COLUMN 12

そもそも「大人ニキビ」って何？

原因はさまざま。複雑に絡み合っていることも

若い頃と違って皮脂がどんどん出るわけではないのに、ニキビができる。その原因はさまざまです。まずは、P-31であげた**ストレスや睡眠不足によるホルモンバランスの乱れ、肌の乾燥**。洗いすぎて必要な皮脂がなくなってしまうことにより、皮脂腺が必要以上に活性化したり、角質肥厚を起こしてしまうこともあります。P-30であげた**刺激物のとりすぎや、脂質の代謝を促すビタミンB群の不足**なども。さまざまな原因が複雑に絡み合っていることも多いので、自分の原因を見極めて、ひとつずつ改善していきましょう。

ゆるPOINT

まずは……ストレスをためない、しっかり寝る、きちんと洗う！ から。

ちなみにMEMO

「大人ニキビ」の原因として、考えられること

1 ストレス
2 乾燥
3 洗いすぎ
4 食生活の乱れ
5 ビタミンB_2、B_6不足

自分のニキビを知ろう

白ニキビ・黒ニキビ

古い角質が毛穴をふさぐと、中に皮脂が詰まってアクネ菌が増殖し、表面がプツプツしてきます。これが白ニキビ。時間が経って酸化すると黒ニキビに。

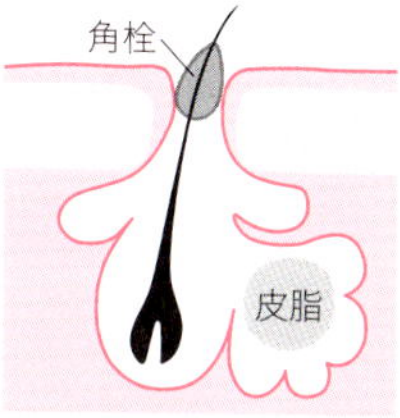

赤ニキビ

アクネ菌が毛穴の中で増殖すると、皮膚が菌と闘って炎症を起こし、痛みを伴う赤ニキビに。無理につぶすと炎症が広がってニキビ跡になる場合も。

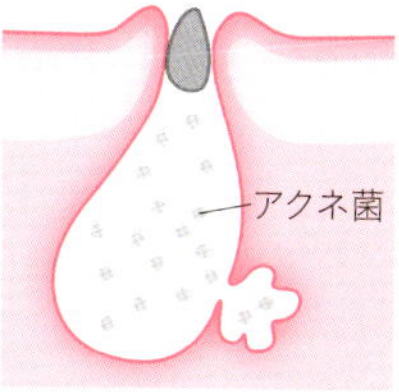

黄ニキビ

赤ニキビの炎症がさらに進むと、アクネ菌と闘った細胞の残骸が〝うみ〟に。こうなると真皮にまで炎症が拡大してクレーター状の跡が残ることも。

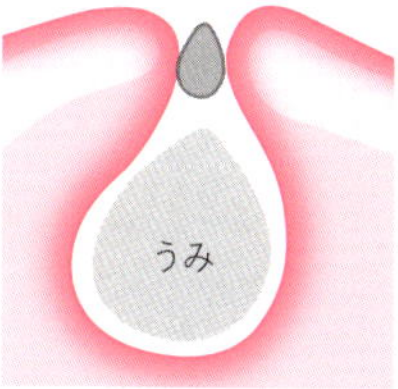

ちなみにMEMO

生理前ニキビとどうつきあう？

生理前はホルモンバランスの変化により皮脂分泌が盛んになり、あごやフェイスラインにニキビができやすくなります。普段からビタミン類を意識してとり、できてしまったら触らず、気にせずを心がけて。どうしてもひどい場合は、一度皮膚科を受診してみてください。

ニキビってつぶしていいの？

赤い段階ではダメ（P133）。**雑菌が入ってさらに悪化する場合も。**

皮脂が詰まった白ニキビや、赤みや痛みが引いた黄ニキビであれば、つぶして中身を取り除くと治りが早くなります。ただし清潔な状態で跡を残さず処理するのは難しいので、皮膚科で処置を受けるのがベター。赤く炎症を起こしたニキビをつぶすのは絶対にNGです。

つぶしていいニキビも
処理は慎重にね

ニキビ跡って一度できたら治らないの？

クレーター状に悪化していたらクリニックへ。

赤みや黒ずみなどの色素沈着は、**美白化粧品や抗炎症作用のあるビタミンC化粧品を使うと少しずつ薄く**なります。凹凸がある場合、**軽度なら代謝を促す角質ケア（酸や酵素など）が有効。**クレーター状に真皮にまで到達している場合はクリニックでの処置が必要です。

ちなみにMEMO

ニキビ治療の方法と料金の目安

クレーター状の肌の改善に有効なのは、各種ピーリング。肌の代謝を高めてくれます。深い凹凸には、フラクショナル炭酸ガスレーザーやダーマローラーなど新しい肌に生まれ変わらせる治療が適しています。どれも１回数万円程度で受けることができます。

冬になると保湿しても保湿してもカサカサになります！

← 「与えるケア」だけでなく「取り去るケア」も見直しましょう。

クリームの中でも油分リッチなものやバームを選び、たっぷり塗って潤いを守りましょう。それでも乾く場合は、汚れを落とすときに肌の潤いも奪ってしまっている可能性があります。**オイルや拭き取りタイプのクレンジング、さっぱりタイプの洗顔料などは避けて。**

肌のザラつきが気になります

←

角質と皮脂をためないこと！

ザラつきの原因は、角質と皮脂。古い角質がたまると毛穴の入り口をふさいで皮脂が詰まり、角栓ができてしまうのです。**酸が入った美容液などで角質ケアを行い、洗顔で古い角質をしっかり取り去ると、少しずつ改善**します。古い角質を落とす酵素洗顔も効果的です。

くまが定着してしまっています……

青ぐま、茶ぐま、黒ぐま？
まずは自分の原因を探って！

ちなみにMEMO

くまの見分け方

手鏡を持って上を向き、くまの状態をチェック。色が薄くなれば黒ぐま。

下まぶたの目尻を外に引っ張り、色が薄くなれば青ぐま。変わらないなら茶ぐま。

COLUMN 13

くまには3タイプあります

青ぐま

血行不良で静脈血が透けて見えるくま

睡眠不足や冷え、PCの使いすぎなどで血流が滞り、静脈血が透けて青っぽく見えている状態。マッサージを取り入れて、血流を促しましょう。

茶ぐま

摩擦や紫外線により色素が沈着したくま

メイク落としなどによる摩擦、紫外線、かぶれなどによって起こる、慢性的な色素沈着。炎症を抑え、メラニンの排出を促す美白ケアが効果的。

黒ぐま

乾燥やたるみによる影が黒く見えるくま

真皮の構造が衰えるとたるみが発生し、目の下の凹凸が黒い影を作ります。改善するのは難しいので、悪化しないようアイクリームでケアを。

ちなみにMEMO

それでも自分のくまがわからない……

それぞれのくまが現れやすい顔立ちや肌質をお教えします。青ぐまは色白で皮膚の薄い人、茶ぐまは日焼けが定着しやすい人、黒ぐまは目が大きくはっきりとした顔立ちの人が要注意。

元気ないね、ってよく心配されます。

どうして疲れて見えちゃうの？

←

頬筋が下がっているのかもしれません。

加齢によって頬が下がると元気なさそうに見える

元気がなさそうに見える原因は、肌がくすんでいる、チークを入れていない、などが考えられます。それらに当てはまらない場合、もしかしたら頬が下がっているのかもしれません。

頬骨がもともと高く張った顔立ちの人は、加齢しても顔立ちが老けにくく、年齢より若く見えることが多いものです。そこからわかるように、頬の高さは元気と若さの象徴。たるみや筋力の衰えによって頬は徐々に下がってきてしまうので、表情筋を鍛えて頬の高さをキープしましょう。

まずは、常に口角を上げるよう意識して。会話のときは頬骨をキュッともち上げるようにクセづけましょう。わかりづらい場合は、鏡の前で指を頬骨の下にあて、指より上側に力を入れて動かすトレーニングを（下図参照）。これで表情筋の動かし方がつかめるはず。続けると頬の高さが徐々に変わってきますので、根気よく！

ゆるPOINT

表情筋トレーニングが効果あり。ゆる……ではなく、根気よく！

ちなみにMEMO

頬骨の上げ方がわからない場合は

親指と人差し指でV字を作り、親指を内側にして頬骨の下にあてます。指の上側に力を入れて頬を動かすと、筋肉の動かし方がつかめます。

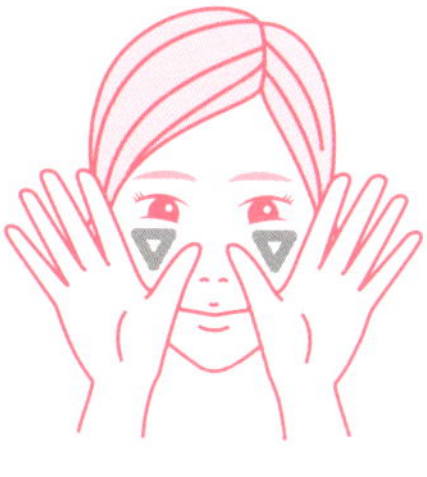

ちょっとお酒を飲むだけで翌朝、大顔になります！

←

一緒に食べる「つまみ」で塩分をとりすぎていませんか？

体内の塩分濃度を下げるために水分をため込んでしまう

楽しいお酒の翌日、顔がパンパンにむくんでがっかり……は、酒量よりも塩分のとりすぎに原因があります。

たれやソースをつけた焼き物、煮込み、ドレッシングたっぷりのサラダやマリネ、漬物やチーズなど、お酒と一緒にとる「つまみ」には、塩分が多く含まれるものが多いのです。体は、塩分に含まれるナトリウムの体内濃度を常に一定にしようと働いています。だから、ナトリウムが多く入ってくると、そのぶんだけ水分をため込もうとするのです。飲んだ水分はもちろん、体内でも血管から水分が細胞外にしみ出してきて、むくみの原因に。

解消法は、ナトリウムを排出する働きをもつカリウムをとることです。きゅうりやなす、ほうれんそう、アボカド、すいかなどに含まれます。また、利尿作用のあるコーヒーを飲んだり、お風呂で汗をかくのも効果的。水分をさっさと体外に出してしまいましょう。

ゆるPOINT

つまみにはカリウム食材もプラス。翌朝はコーヒーと入浴!

ちなみにMEMO

むくみの原因は

1 塩分のとりすぎで体が水分をため込む

2 体の機能が弱まり水分を排出しにくくなる

ちなみにMEMO

加齢とともにむくみはひどくなる?

加齢とともに体の代謝機能は衰えるので、水分の排泄機能も弱まり、むくみやすくなります。顔はもちろんのこと、筋力や心臓のポンプ機能が衰えると、下半身に水分がたまりがちです。

クリニックでシミが取れるなら、美白化粧品はいらなくないですか？

一度レーザーで取っても同じところにまたできることも……！

レーザーでシミを取っても、メラニンを作る細胞（メラノサイト）が破壊されるわけではないので、またできる可能性は大いにあります。**美白化粧品は、メラニンの生成を抑え、シミができるのを予防するもの。**毎日使うことで、シミのない肌を守ることができます。

ちなみにMEMO

美白は予防がすべてです

「美白ケアしてもシミが消えない」という声をよく聞きますが、美白化粧品はシミを消すものではなく、作らないために予防するもの。新しいシミを作らせない予防効果は確実にあります。

そろそろ美白を始めようと思っても商品がいっぱいあってわからない！

まずは美容液を1本。

まずは美白美容液からスタートしてみてください。**美容液は一般的に美白スキンケアラインの〝スター〟**なので、有効成分が最も多く入っています。いつものお手入れですでに美容液を使っているなら、みずみずしく浸透しやすいほうを先に塗り、2本重ね使いを。

美白のシリーズを使い始めたけど、白くなってる実感がありません

←

効かせるコツは
1 一年中使う
2 角質ケアもする
3 自分に成分が合っているか（P104参照）

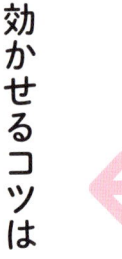

紫外線は一年中。だから美白ケアも一年中、が当たり前

スキンケアは薬と違って、すぐに効果が出るものではありません。「使ってすぐ明るくなった！」ということもたまにありますが、それは乾燥していた肌が潤ったからで、一時的なこと。**少なくとも1セットは継続しましょう。**使い終わって目に見える効果がわからなくても、トラブルが起きていないなら、美白有効成分などが自分に合っているということ。シミがなく明るい肌を目指したいなら、美容液1本だけでも続けてみましょう。紫外線は一年中降り注ぎ、肌のメラニン生成を促しているので、美白ケアも365日必要です。

少しでも効果を感じたいと思ったら、**美白と合わせて角質ケアを取り入れるのがおすすめ。**ターンオーバーが促され、メラニンの排出がスムーズになります。そして、絶対忘れてはいけないのが一年中日焼け止めを塗ること。美白していても無防備に紫外線を浴びていたら、元も子もありませんから。

ゆるPOINT

残念ながら……美白は時間がかかります。「日焼け止めを一年中」も大切。

ちなみにMEMO

定評があるのはこんな成分

- ビタミンC誘導体
- アルブチン
- コウジ酸
- カモミラET
- m-トラネキサム酸
- ルシノール

第4章のおさらい

「肌のトラブルと悩み」ホントのところをあらためてチェック！

Q1 毛穴はお手入れをがんばればなくせる

Q2 オイリー肌じゃなくてもニキビはできる

Q3 クリームたっぷり塗っているのに乾く！

Q4 くまが気になるのでくま用美容液を愛用

Q5 シミができてもレーザーで取ればいい

A1
なくせません。小さくはできます
↓
P126

A2
はい。「乾燥」もニキビの原因のひとつ
↓
P131

A3
「与えるばっかり」が問題の可能性も
↓
P136

A4
美容液で治らないくまもありますよ
↓
P138

A5
レーザー頼みは「いたちごっこ」
↓
P144

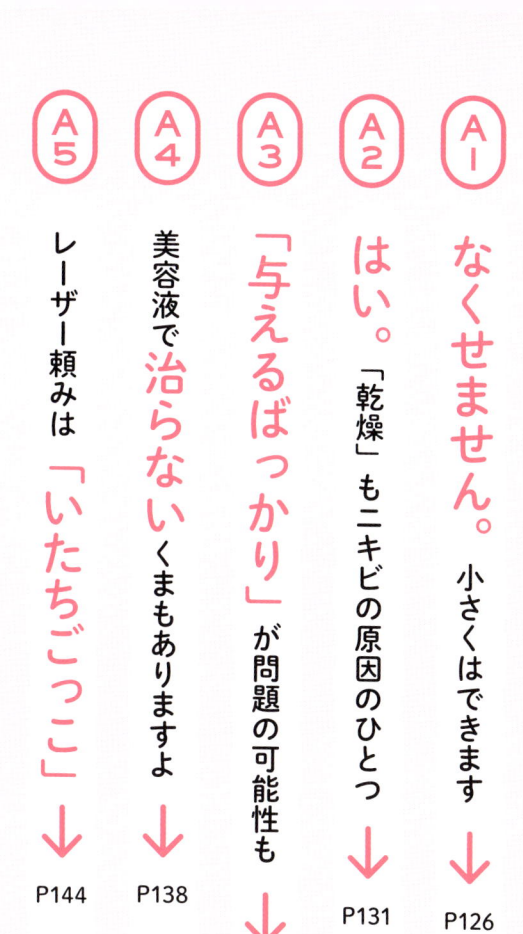

第5章 老化の真実

ほどほどに抵抗したい

〝オトナ〟美容

そもそもアンチエイジングって何歳から始めるもの？

←

25歳をひとつの目安として始めると、後悔しません。

25歳ごろがひとつの目安。ただしUVケアはもっと早くから

肌は日々、紫外線やストレスなどによるダメージを受けています。その修復を促すのが、ターンオーバーの力。ダメージを受けた細胞を押し上げて元気な細胞を作り出すことで、新しい肌へと生まれ変わることができるのです。

ターンオーバーの速度は10代後半が最高といわれ、20歳を過ぎると徐々に下り坂に。同時にホルモンバランスも変化します。その結果、**ダメージの修復が間に合わず、20代後半ごろから乾燥やツヤのなさ、毛穴の開き、くすみ、シミ、シワ……などの症状が起こります。**その少し前、25歳ごろをひとつの目安としてお手入れを強化し始めれば、老化を遅らせることができます。

ただ、老化の原因の7~8割は紫外線なので、**日焼け止めで紫外線によるダメージを防ぐことが、実は何よりのアンチエイジング**になります。まずはしっかり日焼け止めを塗ることから、今すぐスタートしましょう!

ゆるPOINT

極論、気にしないが勝ち!……かもしれませんが、予防は大事。

ちなみにMEMO

化粧品メーカーの設定は「28歳」

初期エイジングを「28歳」と設定するメーカーが多いようです。ちょうど乾燥や毛穴目立ちなどの症状が現れるからでしょう。実際はもう少し早くから、エイジングはスタートしています。

一度できたシミは化粧品じゃ消えない？

←

薄くはできます！　が、予防がいちばんの早道。

シミを薄くするには根気よいお手入れが必要です

シミの正体はメラニンが集まったものなので、**メラニンを含んだ細胞を排出させる、またはメラニンを還元させる化粧品を使えば、徐々に薄くすることができます。**排出には肌のターンオーバーを促す角質ケア、還元にはビタミンCやハイドロキノンを含む化粧品の使用が効果的です。ただし、ある程度の時間はかかるので、根気よく続けることが必要。また、シミ部分では何らかのエラーによってメラニンが生成され続けていることも多いので、化粧品による排出や還元が追いつかず、なかなか効果が現れないことも。

シミを増やさないためには、まず何より〝予防〟がいちばんです。日焼け止めを塗ることで、紫外線によるシミを防ぐことができます。メラニンの生成を抑える美白化粧品もプラスすればなお良しですが、**とりあえずは日焼け止めを一年中しっかり。シミを薄くする後押しもしてくれます**よ。

ちなみにMEMO

ビタミンCは飲む、塗るがよし

メラニンの生成を抑え、さらにできてしまったメラニンの還元（色を薄くする）作用ももつのがビタミンC。美白化粧品だけでなく、ビタミンC配合の化粧品や、内服も効果があります。

ゆるPOINT

まずは、一年中日焼け止めをしっかり塗る！それだけでいいの？の「それだけ」がまずは大事。

シワに効く！っていう化粧品でシワはなくなる？

←

まず……あなたのシワは、

「小ジワ（乾燥ジワ）」「表情ジワ」「加齢ジワ」？

シワの種類に合わせたお手入れを取り入れましょう

最近は、「シワを改善する」という触れ込みの化粧品が増えていますね。「ニールワン」「レチノール」「リンクルナイアシン」といった、シワ改善の有効成分が登場しているためです。ニールワンには真皮の生成と分解のバランスを整える働き、レチノールやリンクルナイアシンにはターンオーバーを促したりコラーゲンを増やしたりする働きがあるので、**長期的に使えばどれもシワを薄くする効果があります（とはいえ、完全になくすのは難しいです）。**

ただ、これらのシワ改善成分は、表情のクセで定着してできる「表情ジワ」や、肌の奥のコラーゲンがもろくなった「加齢ジワ」に効くもの。もっと浅く細かい、肌表面の乾燥によって起こる「小ジワ」なら、高価なシワ改善化粧品を使わなくても、きちんと保湿するだけですぐ目立たなくなることも。**自分のシワの種類を見極めて、必要なお手入れを投入しましょう。**

ゆるPOINT

タイプ別にお手入れを。簡単に改善できるシワもある！

ちなみにMEMO

シワができやすい顔タイプがあります

例えばほうれい線は、頬が縦長で大きい人にできやすいもの。口角から下に向かうシワは口が引っ込んでいる人、目頭から斜め下に向かうシワは目が大きく丸い人にできやすいです。

ちなみにMEMO

急激なダイエットに注意！

急激に体重が減ると、体だけでなく顔の脂肪や筋肉も落ちてしまいます。すると、ボリュームがなくなった皮下組織に対して表面の皮膚が余ってしまい、シワやたるみができることに。

白い砂糖はよくない、老化するって本当？

←

最近話題の「糖化」。
ハリや柔軟性が低下して、透明度が下がることも……。

食事で余った糖質が肌のコラーゲンに結びつく

食事で糖質をとりすぎると、肌が硬くなってハリを失い、色も黄色っぽくくすんで透明感が低下します。俗にいう「糖化」という現象です。

体内でエネルギーとして使い切れなかった糖質は血中で余り、体の組織であるたんぱく質に絡みついてしまいます。これが肌で起こると、たんぱく質＝コラーゲンに巻きつき、体温で温められて糖化が起こります。たんぱく質と糖が合体した「AGES」という物質が蓄積し、硬く、ハリと透明感のない肌になってしまうのです。

精製されて栄養素が糖質のみになった白い砂糖が良くないのはもちろんですが、白くない砂糖やはちみつ、パンやご飯、麺、芋類、ビール・ワイン・日本酒といった酒類にも、糖質が多く含まれています。すべてやめるのは現実的に無理でも、麺類や丼ものの回数を減らすなど、糖質をとりすぎないよう意識するようにしましょう。

ゆるPOINT

「糖質」は砂糖だけじゃないんです。炭水化物、アルコールのとりすぎにも注意。

ちなみにMEMO

人工甘味料の落とし穴

人工甘味料は糖化の原因にはなりませんが、それとは別に、発がん性や脳への悪影響などさまざまな弊害の可能性があるといわれています。〝カロリーゼロ〟の甘味などは避けましょう。

シミ、そばかす、小さいほくろ……区別がつかないので

どうすればいいかわかりません

←

どうにもわからないときはクリニックへ。

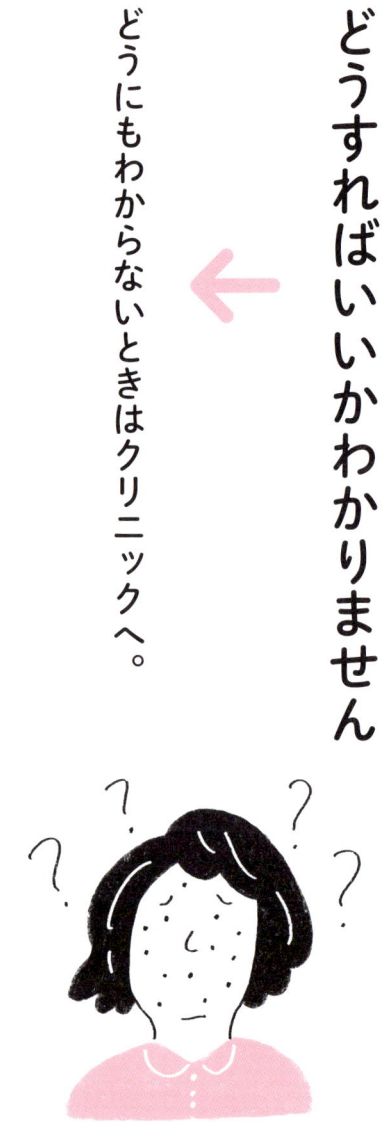

COLUMN 14

シミ＝「老人性色素斑」ができやすいかは、紫外線を浴びたときの肌をチェック

シミの中でも最も一般的なのが、紫外線による「老人性色素斑」。これのできやすさは、日焼けしたときの肌の状態である程度判断できます。あなたはどのタイプ？

赤くなって黒くなりにくいタイプ

メラニンが作られにくい。シミよりシワに注意！

日焼けするとすぐ赤くなり、収まるとまた元に戻る、白色人種に似たタイプ。日本では北方に住む人に多め。メラニン生成力が低いので、細胞がダメージを受けやすくシワに注意。

赤くなって黒くなるタイプ

日本人の多数がこれ。シミができやすい

日本人に最も多いタイプ。メラニンの生成力はほどほどで、最初は炎症を起こして赤くなり、その後メラニンが多く生成されます。炎症の影響などもあり、シミが残りやすい。

赤くならないで黒くなるタイプ

シミやくすみが最も発生しやすい

メラニン生成力が高く、紫外線を浴びるとすぐにメラニンを作って小麦色の肌になりやすいタイプ。日本では南方に住む人に多めです。シミやくすみが発生しやすい。

COLUMN 15

ほくろ、シミ、そばかす、肝斑の見分け方は？

一見シミに見えるものにも、いろいろな種類があります。色が濃くても薄くても、形がはっきりとしたものはほくろである可能性大。それ以外のものの、種類と見分け方を挙げてみました。

老人性色素斑（シミ）

紫外線によってできるシミの代表

主に紫外線を浴びることでできるシミ。最も一般的なシミの代表です。色は薄い茶褐色から濃い茶色までさまざまで、形（輪郭）が比較的はっきりしているのが特徴。美白化粧品を日常的に使うことで、未来のシミを防げます。できやすさは肌タイプによって異なります（P161参照）。

小さければ数ミリ、大きいと2センチ以上のものも。紫外線を浴びるとどんどん黒くなる。

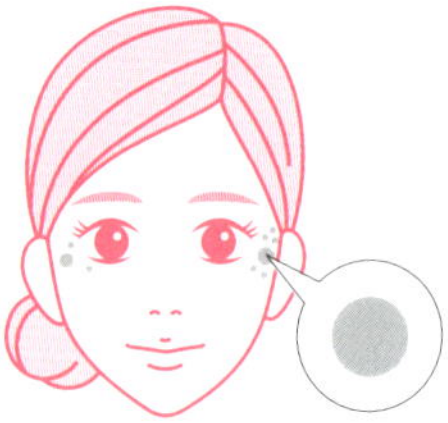

肝斑

左右対称に、広範囲に広がるシミ

女性ホルモンの影響や、お手入れ時などの摩擦による炎症が引き起こすシミ。その多くは、頬骨からこめかみにかけて左右対称のコの字形に発生します。30〜40代で濃くなりやすいシミです。肌に摩擦や刺激を起こすのをできるだけ避け、トラネキサム酸の内服が有効です。

色は薄い褐色で、もやっとして境目がはっきりしないのも特徴。閉経後は自然に薄くなる。

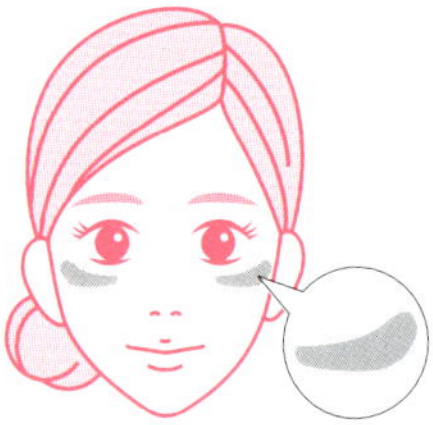

雀卵斑（そばかす）

小さく点状に広がるそばかす

小さくて茶色い点状のシミが鼻や左右の頬に広がる、通称そばかす。遺伝的要素が強いシミで、色白の人に多く見られます。濃くなるのを防ぐには、UVケアと美白化粧品を。

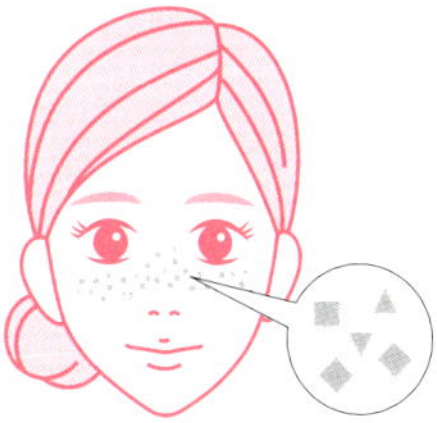

３歳前後からでき始め、思春期になる頃に顕著になるケースが多い。

脂漏性角化症

盛り上がったシミ

もともとあったシミが、長い年月にわたり紫外線ダメージを受け続け、細胞のDNAがエラーを起こして茶色く盛り上がったシミ。クリニックで除去するのが一般的です。

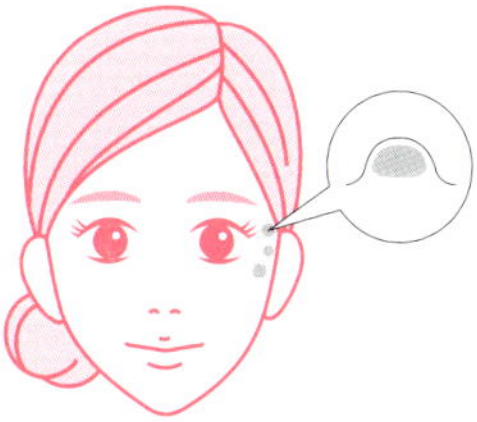

顔や手に、年を重ねるほどできやすいが、30代で発生することも。

花弁状色素斑

日焼け後、背中に広がるシミ

強い日焼けによる赤みが引いた後、主に背中に発生するシミ。老人性色素斑のようなものや、花びらのような形のシミが混在。美白化粧品はあまり効かずレーザー治療が確実です。

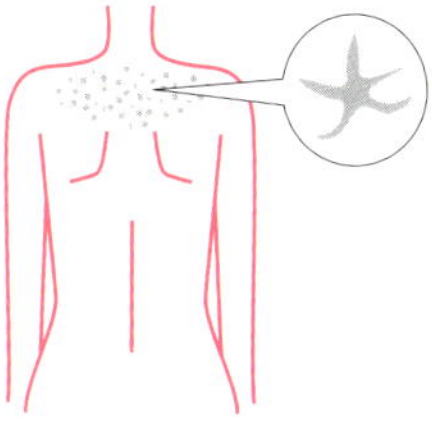

色白の人にできやすい。治りにくいので、日焼け止めでの予防が大切。

炎症性色素沈着

ニキビ跡やかぶれ、傷の跡

ニキビや虫さされ、かぶれ、傷、火傷などの炎症後、メラニンが沈着してできるシミ。下着でこすれる部分のくすみもこれ。美白化粧品が有効で、できてすぐの対応がカギです。

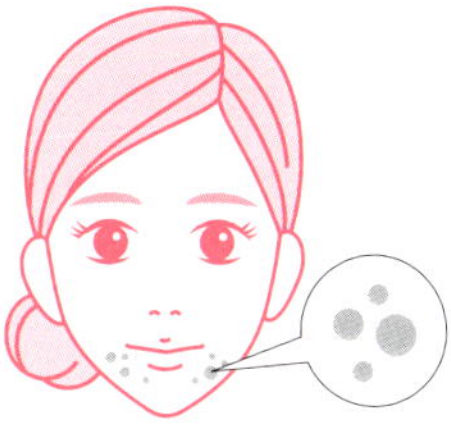

ニキビをつぶしたり触ったりすると跡になりやすい。くれぐれも注意。

白髪は抜くと増える？

←

抜くことでは増えません。

（が、同じ毛穴からまた白髪は生えてきます）

白髪が増える原因は加齢、ストレス、遺伝など

これは都市伝説のようなもので、白髪を抜いたからといって、増えることはありません。ただ、抜けばなくなる、ということもなく、**しばらく経って同じ場所からまた髪が生えてきたとき、その髪は白髪です。抜くと毛根のダメージは避けられないので、気になる場合はハサミで根元からカットするのがベター**です。

白髪の仕組みを簡単にお話ししましょう。毛根には、髪に色をつける細胞（メラノサイト）があります。そこで、髪の色の元となる色素（メラニン）が作られ、髪を作る毛母細胞に受け渡され、髪の内部に取り込まれていきます。このメラノサイトの働きが低下してメラニンが作られなくなったり、毛母細胞に受け渡されなくなると、白髪になります。原因は、加齢だけでなく強いストレスや遺伝も関係しているようですが、はっきりとはわかっていません。

ゆるPOINT

抜くと毛根にダメージが。根元からカットするのがベターです。

ちなみにMEMO

紫外線は髪（地肌）にもよくない

頭皮や髪には直射日光が当たるので、紫外線の影響を受けやすいもの。白髪の原因は明らかになっていないですが、紫外線ダメージの蓄積が一因であることも考えられます。

ちなみにMEMO

白髪ができる原因は……

1. 老化
2. 突然変異
（極度のストレスなど）
3. 遺伝　など

カラーやパーマを繰り返すとハゲやすい？

←

頭皮にダメージを与えるのは事実。

アルカリ性の薬剤が頭皮に負担をかける

カラーリング剤やパーマ液は強いアルカリ性です。頭皮は肌と同じ弱酸性なので、pHがアルカリに傾いた状態で長時間おくことで、頭皮にダメージを与えるのは事実。カラーやパーマを繰り返すと頭皮がダメージを受け、将来的に髪が抜けやすくなる可能性は否めません。ただ、その相関関係は証明されていません（白髪を始め、髪については解明されていないことが多いのです）。

とはいえ、女性にとってはおしゃれも大事。特に白髪があったら染めたくなる気持ちもわかります。ひとつ言えるのは、**セルフカラーよりもヘアサロンでプロに任せるほうが、頭皮の負担は少ないということ。**市販のカラーリング剤は、技術がなくてもしっかり染まるよう、薬剤が強めである傾向が。また、ヘアサロンでは頭皮をクリームなどでしっかり保護してから施術してくれるので、安心です。

ゆるPOINT

カラーを楽しみたいなら、せめておうちで染めずにサロンへ。

ちなみにMEMO

ハゲ防止にはブラッシングを

ブラッシングには、髪についた汚れを取り除くだけでなく、頭皮に刺激を与えて血行を促進する効果があります。毎日の習慣にすれば、健康ないい髪が生える頭皮環境に。

朝シャンを毎日してるとハゲる？

← 時間は関係ありません。正しく洗えば大丈夫。

朝でも夜でも、しっかり洗えていれば問題ありません。ただ、朝は忙しく、**すすぎがおろそかになりがちな人も多いようなので注意**しましょう。ブラッシングで汚れを浮かせ、髪全体をしっかり濡らしてから頭皮をしっかり洗い、よくすすいで。

ちなみにMEMO

むしろ洗いすぎに注意

頭皮が臭うのでは……と神経質にゴシゴシ強く洗う人もいますが、洗いすぎは頭皮に負担をかけます。指の腹や手のひらで、頭皮をマッサージするようにやさしく洗って。

シリコン入りアイテムは
やっぱり避けるべき？

シリコン＝悪者ではありません。

シャンプーやトリートメントに配合されているシリコンの役割は、髪の指通りをよくすること。摩擦を減らして髪のダメージを防ぐのに有効です。確かに地肌に残ると毛穴詰まりの原因になりますが、**地肌をしっかりすすぐように意識すれば、問題ありません。**

年をとると髪質が変わるって本当？

←

本当です。毛穴が変化して、うねり、ちぢれ、細く……。

体質は、生まれたときが遺伝子の影響100％の状態。**年を重ねるにつれ環境や生活習慣の要因が加わり、髪質も変化します。**血行が低下して栄養が行き届かず髪が細くなったり、たるみによって毛穴の形が変化して、うねりやちぢれが発生しやすくなります。

ちなみにMEMO

まつげも眉毛も変わります

まつげや眉毛も髪と同じ体毛の一種なので、加齢につれて細くなったり、抜けやすくなったりします。まつげエクステやビューラーなどで負担をかけないように注意して。

将来、ハゲないためにはどうすれば？

女性の場合、老化＝ハゲの原因ではありません。

男性とはホルモンバランスが異なるので、加齢ですべての女性が脱毛するわけではありません。大切なのは、頭皮の細胞を老化させないこと。ブラッシングやマッサージで血行を促し、帽子やＵＶカットスプレーで紫外線を防いで。食事ではたんぱく質やミネラル（特に亜鉛。かきや海藻類に含まれる）を補いましょう。

ちなみにMEMO

抜け毛予防化粧品って意味ある？

医薬部外品の育毛化粧品には、頭皮の血行を促すことで抜け毛を防ぎ、育毛をサポートする効果があります。保湿の意味もあるので、気になる人は使うといいでしょう。

COLUMN 16

アンチエイジングのための正しいヘアケア POINT 5

ありきたりではありますが、汚れをしっかり落とすこと、頭皮の血行促進、バランスの良い食事、ストレスをためないこと、このすべてが大切。食事や睡眠は肌の健康にもつながります。

POINT 1 紫外線対策

老化の原因の大半は、紫外線

紫外線は細胞にダメージを与え、たるみの原因となったり、皮脂を酸化させたりと、頭皮にとって百害あって一利なし。白髪との関係も無視できません。なるべく浴びないようにして。

POINT 2 頭皮の血行を促す

シャンプーやブラッシングも効果大

髪の栄養は血液を通して毛母細胞に運ばれます。健康で若い髪を育てるためには頭皮の血行を促すことが重要！　シャンプーやブラッシングで日々頭皮を刺激し、ときにはマッサージも。

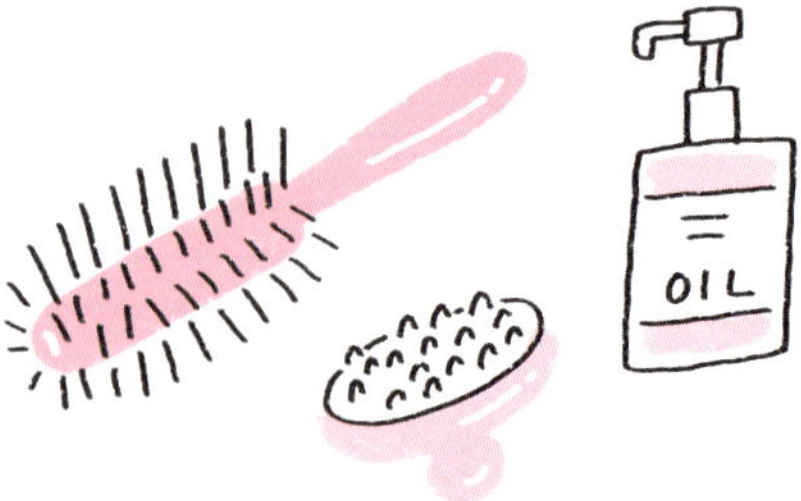

POINT 3 適度に洗う

洗いすぎも
洗わないのもダメ

シャンプーは頭皮の皮脂や汚れ、古い角質を落とし、髪についたスタイリング剤を落とすためにも大切です。基本は１日１回、丁寧に洗って。髪や頭皮が乾燥する人は２日に１回でもOKです。

POINT 4 バランスの良い食事

特にたんぱく質と
ミネラルを意識して

髪の構成成分であるたんぱく質と、抜け毛や白髪予防に効果的なミネラル類、特に髪の細胞分裂に欠かせない亜鉛をしっかりとりましょう。加工食品には亜鉛の吸収を妨げる添加物が配合されているので注意して。

POINT 5 ストレスをためない

頭皮を硬くして血行を妨げ、
白髪の一因にも

全身の血行を妨げるストレス。年齢を重ねるとただでさえ血行が滞りがちなので、注意しましょう。更にストレスは頭皮を硬くしたり、白髪との関係も。ストレスを感じやすい人は、マッサージで頭皮をほぐして。

ボーナスでシミを取りたい！

……いくらくらいなんですか？

←

どんなシミかによって異なりますが、基本はレーザーで1ヵ所につき約3000〜1万円。

シミ取りは費用対効果の高い美容医療です

美容医療でシミを取るのには、主にレーザーを使用します。シミの部分に特定の波長のレーザーを照射し、メラニンの色に反応させ熱を発生させることで、スピーディにシミをなくす治療です。シミ部分のメラニンを含む細胞だけが火傷した状態になり、下に新しい皮膚が形成されると、かさぶたのように剝がれ落ちます。いわば焼き切るので、今あるシミを早く確実に除去できるのが魅力です。

レーザーには波長によってさまざまな種類があり、シミ治療に使われるのは波長が短くエネルギーの高い「ルビーレーザー」と、波長が長く穏やかな「ヤグレーザー」です。どちらもシミのサイズに合わせて1ヵ所につき1～数回照射し、費用は3000～1万円程度が目安。これに診察料や薬代、麻酔代などが加わります。多くのシミは1回の施術で取れるので、効率の良い治療といえるでしょう。

ゆるPOINT

美容医療だけに頼りすぎるのはダメだけど……たまにはアリ！

ちなみにMEMO

美容クリニックとエステの違いって？

例えば脱毛やピーリングなどはエステでも行っていますが、クリニックでは医療従事者にしか扱えない機器を使用。また、シミ取りやたるみ治療などクリニックのみのメニューも多数。

ちなみにMEMO

シミって同じところにできやすいって本当？

レーザーでシミを取った後は、表皮が剝がれ、奥から新しい肌が生まれて、紫外線の影響を受けやすい状態に。紫外線対策をしっかりしないと、またシミができてしまいます。

COLUMN 17

クリニックの違い、知ってますか？

肌にトラブルが起きたときや、もっと美肌になりたい、若さを保ちたいと思ったとき、クリニックの受診を考える人も多いでしょう。悩みに合わせて、適切なクリニックを選んで。

皮膚科

保険診療内でのトラブルの治療が目的

「病院とは疾患を治す場所」という原点に基づき、保険診療内の治療内容で、かゆみやただれ、湿疹、ニキビ、肌あれ、アザ、イボ、水虫などの皮膚疾患を安価に治療します。内服・外用薬の処方が中心であり、〝治すこと〟が目的なので、治療後の肌の美観は範疇外。一部自費診療のメニューを取り入れているクリニックも。

美容皮膚科

トラブルの治療から美肌、若返りまで

皮膚トラブルの治療はもちろん、肌質の向上やアンチエイジングなど、見た目をよくするためのメニューを多く揃えているのが特徴です。美肌系のメニューは自費診療なので高額になりやすく、トラブルの治療もクリニックの業態によっては自費診療になることも。より美肌を目指す人はこちらへ。ただし費用と相談しながら。

美容外科

外科的治療で顔や体の造形を変える

顔立ちやボディラインなど〝造形〟のコンプレックスを解消する外科的治療も行うクリニック。例えば、鼻を高くする、くっきり二重まぶたを作る、あごを細くする、脂肪を吸引する、胸を大きくするなど。注入で済むものもありますが、メスや針を使う外科手術が必要な場合も多く、体への負担と費用が大きくなりがちです。

美容医療、どう取り入れるのが正解？

皮膚トラブルをきれいに治したい、美肌と若さを保ちたい、エイジングサインを消したい、などというときは美容皮膚科へ。ただし自費診療で費用がかかるので、自分の考えをしっかりまとめて。

クリニックに行く前に覚えておきたい心構え

- [ ] ホームページなどでクリニックを比較検討する
- [ ] 値段が安いという理由だけで選ばない
- [ ] 納得できるまで説明してくれる、こちらの質問にきちんと答えてくれるクリニックと医師を選ぶ
- [ ] 施術のメリット、デメリットを確認する
- [ ] 施術の期間、トータルの価格を聞く
- [ ] 希望していない、求めていないことを勧められたら断る勇気を持つ
- [ ] 化粧品や薬などを無理に勧めるところはやめる
- [ ] 自分が払える予算を決めておく

ちなみにMEMO

「シワをなくしたい」なら？

治療の代表は「ボトックス注射」と、「ヒアルロン酸注入」。ボトックスは、ボツリヌス菌由来製剤を注入して筋肉を動かす神経をブロックするもので、目尻や眉間、額のシワに効果的。ヒアルロン酸はシワの溝を埋めて目立たなく整えるもの。たるみやしぼみの解消にも効果的です。

費用の目安

ボトックス
眉間や目尻など1ヵ所5000～6万円

ヒアルロン酸
目まわりやほうれい線など1ヵ所4万～9万円

加齢臭って女性もあるの？何歳くらいからするもの？

40歳を過ぎたら気をつけましょう。

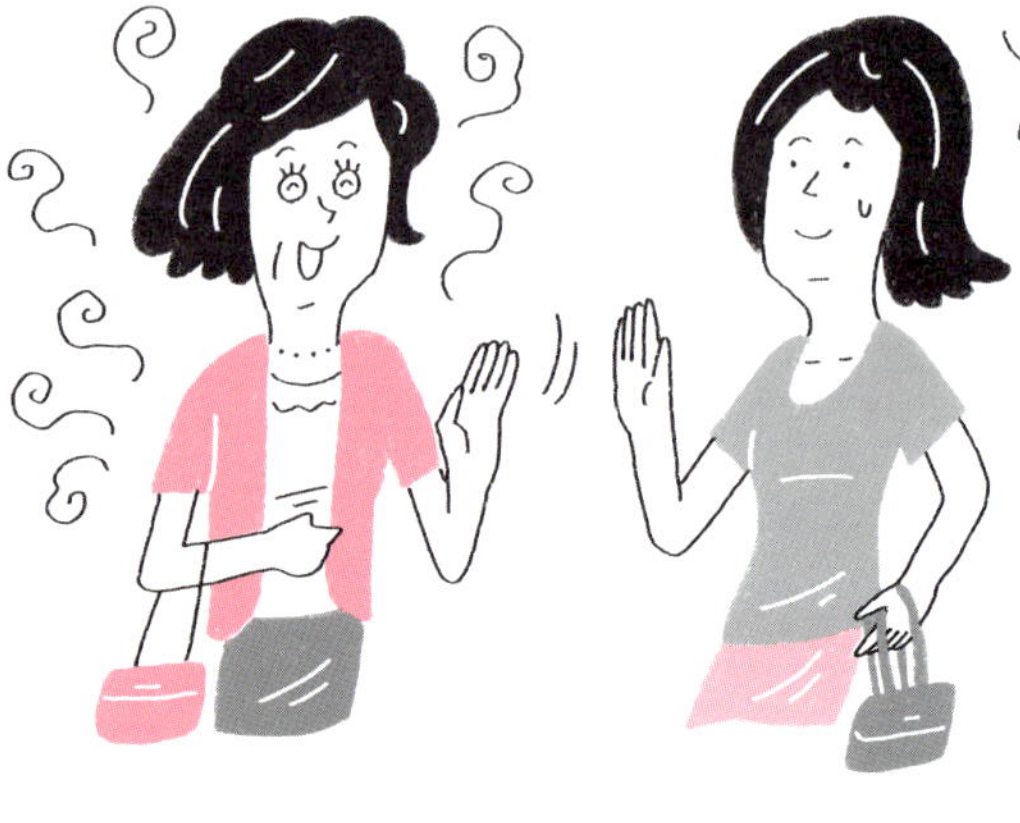

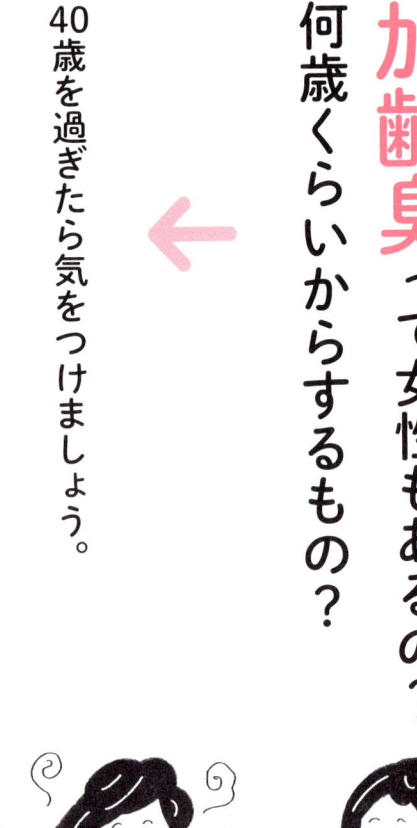

COLUMN 18

「加齢臭」ってそもそも何？

臭いの正体＝古い角質と酸化した皮脂

皮脂や古い角質に菌が繁殖。皮脂の酸化しやすさも原因

女性の加齢臭の原因は、皮脂の増加と代謝の低下、体が本来もつ抗酸化力の低下です。40歳を過ぎるとホルモンバランスが変わり、わきや下腹部、うなじなど、アポクリン腺が多い部分の皮脂分泌が増えます。さらに代謝も下がって古い角質がたまりやすくなり、そこに皮膚の常在菌が繁殖し、臭いが発生します。また、体の抗酸化力が下がって皮脂が酸化しやすくなり、これも臭いの原因に。

しっかり洗う、を意識しましょう。

ゆるPOINT

菌も皮脂も抑えるためには、清潔あるのみ！

第5章のおさらい

「老化の真実」ホントのところをあらためてチェック！

Q1 化粧品だけでもシミはなくせる！

Q2 シワができたら、高いシワ改善化粧品を買うしかない

Q3 甘いものは苦手だから、「糖化で老化」は関係なし

Q4 白髪は見つけたら即抜いてます

Q5 年を重ねるにつれ髪のうねりがすごいことに

Q6 父がハゲです。私も将来ハゲてくるのかな……

Q7 おっさんの加齢臭、もしかして私からも!?

A1
薄くしかできません。
とにかく予防第一
↓
P154

A2
シワの種類によります。
乾燥小ジワならまず保湿を
↓
P156

A3
ワインもご飯も糖質ですよ
↓
P158

A4
毛根が傷みます。
カットしましょう
↓
P164

A5
うまくつきあうしかありません
↓
P170

A6
女性は頭皮を大事にすれば大丈夫
↓
P171

A7
40過ぎたら可能性あり
↓
P178

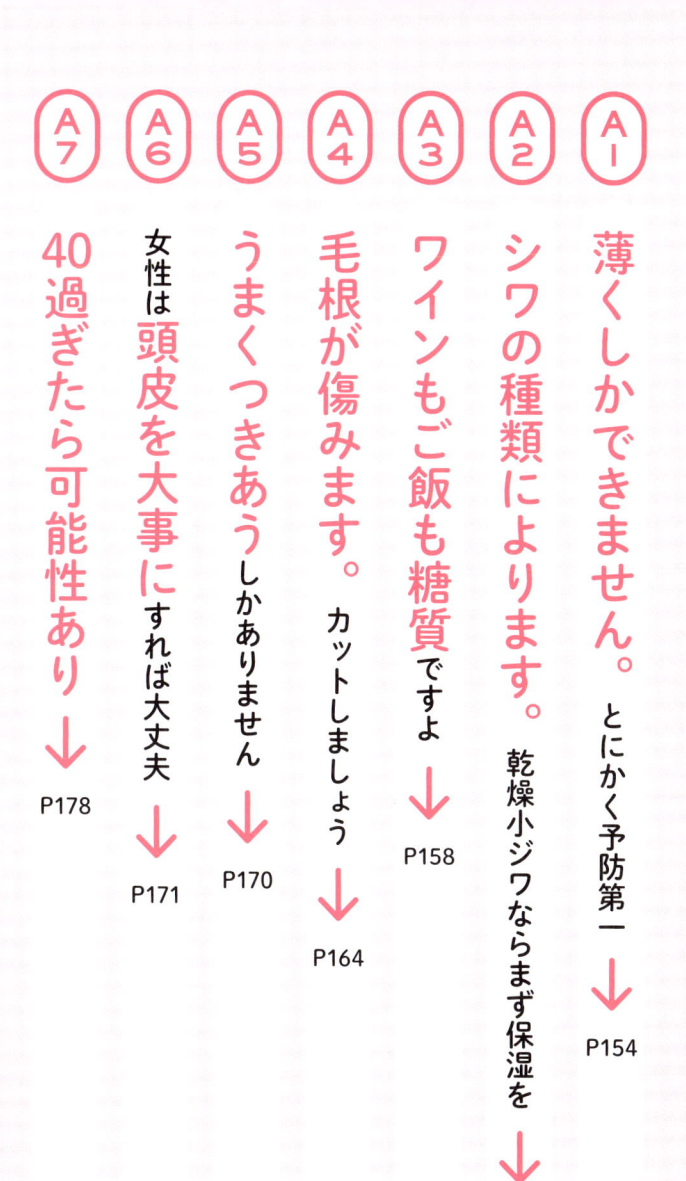

「ゆる美容」のほうがキレイになれる理由

スキンケアだけ、むやみに頑張ろうとする気持ちが、かえって逆効果を招くことも

雑誌などで見た〝肌に良さそうなお手入れ〟をあれこれ盛り込んで、毎日30分スキンケアを頑張ろうと張り切るのと、自分に必要なお手入れを選んで1日数分、ほどよくゆるっと続けるのと、どちらがより美肌になれると思いますか？

一見、前者のほうが良さそうですが、実は後者のほうが美肌をキープできる可能性が高いと、私は思います。良さそうなもの、流行りのものを欲張って取り入れたとしても、長時間のお手入れを負担に感じ、疲れて続けられなくなっては意味がありません。仕事にプライベートに日々多忙な私たちは、スキンケアにかける時間が常に潤沢にとれるわけでは

ありませんから。やったりやらなかったりとムラがあるよりも、要点を抑えたほどほどのお手入れを毎日続けた方が、肌は安定するでしょう。

それに、興味本位に取り入れた流行りのお手入れが自分に合っていないと意味がないばかりか、かえってトラブルを招くことにもなりかねません。例えばピーリングを過度に行えば肌が薄くなって乾燥しやすくなりますし、皮脂が充分出ている人がリッチな美容オイルを塗ることも、テカリやニキビの原因になってしまいます。

また、美肌はスキンケアだけで作られるものではありません。むしろもっと大きい要素が、食事。1日や2日ちゃんとした食事がとれなくても肌に出ることはありませんが、それが続けば肌に栄養が行き届かず、乾燥やエイジングの原因になります。肌は睡眠中に日中受けたダメージの修復を行うので、睡眠をしっかりとることも大切。肌あれの原因となるストレスをなるべくためないようにすることも……。

食事、睡眠、生活、そしてスキンケア。バランスよく美肌を手に入れるカギは「知識」です

美容において大切なのは「バランス感覚」なのです。健康な美肌を保つために良質な食事や睡眠をとり、ストレスをためすぎないことを大切に。その上で、スキンケアもほどよく頑張る。肌がキレイな女性たちのほとんどは、このバランスをよく理解し、意識した生活を送っています。

ちょっと真面目すぎるお話になってしまいましたでしょうか。バランスのいいライフスタイルとスキンケア習慣をかなえるために、絶対に必要なことをひとつお教えしましょう。それは「知識を得ること」です。特にスキンケアについては、正しい知識をもつことが、ラクして美肌を手に入れる最大のコツとなります。「今日は時間がないから手を抜きたいな」と思ったときに最低限やるべきことを選び取れる知識。自分の肌タイプを知り、必要なお手入れを選べる知識。氾濫する情報に左右され

この本を読んで
知識を蓄えよう

ないための知識。もちろん、何をどれだけ食べればいいか、睡眠はどのくらいとればいいか、という知識も必要です。

本書を作るにあたり、「スキンケアにまつわる疑問」「美肌について知りたいこと」をアンケート取材して驚いたのは、世の中にはこんなに、根拠のない美容のウワサが存在するんだ！　ということでした。美容は義務教育の項目にもありませんし、だれかにきちんと教わることもなく、見よう見まねで覚えていった人が圧倒的に多いと思います。知識がなければ、スキンケアの迷子になってしまうのも当然かもしれません。

本書は、たくさんの疑問や悩みの声に、ひとつひとつシンプルに答える形をとり、知りたいことがすぐにわかる作りにこだわりました。気になる部分を拾い読みするだけでも、目からウロコがポロポロと落ちて、知識を深めていただけたと思います。洗う、保湿する、守る、攻めのお手入れをする、とスキンケアはすべてがつながっていますから、毎日少しずつ読み進めれば、さまざまな疑問がクリアになるはずです。

自分なりの「ゆるい」美容を組み立てられれば一生キレイ＆ハッピーでいられます

そうして得た知識を使って、自分にとって「ゆるい」お手入れを組み立てましょう。例えば、ズボラだから普段のスキンケアは化粧水＆乳液程度でシンプルにしてしまい、週に1～2回スペシャルケアを取り入れる。時間のない朝は美容液を省いてもいいから、日焼け止めだけは欠かさずつける。シミができやすい肌質だから、美白ケアは取り入れつつ、年に1回医療の力を借りてシミ取りをする……など。肌質や性格、ライフスタイルに合わせた、自分だけの「ゆるい」レシピを組み立てることができれば、心にも余裕ができて、毎日を楽しめるように。そうなれば、永遠のキレイが手に入ったも同然です。

なりたい美肌の基準も人それぞれだから、誰もが女優さんのような透明感にこだわる必要はありません。自分が納得できる範囲のキレイを手に入れられたら、それでよしです。ストイックにならず、美容を、そして何より人生を楽しめる女性でいられたら、それが一番魅力的ですよ。

私のクリニックをご紹介します

東京・中目黒の「ウォブ クリニック 中目黒」という美容皮膚科が、私のクリニックです。WOVEとは「WOMEN'S BEAUTY & LOVE」の意味。肌を輝かせることで自分を愛せるようになり、心まで生き生きと輝く。そんな喜びを多くの女性に体験していただきたいと願い、2007年に開院しました。メスを使わず、患者さんに極力負担をかけない方法で疾患を治し、美しさを引き出す治療を行っています。

最先端医療と安全性の両立にこだわり、高いレベルの美肌・アンチエイジング医療を行っています。また、美肌には自宅でのスキンケアが大切。オリジナル開発のスキンケア化粧品も扱っています。

WOVE clinic

医療法人社団 愛心高会
ウォブ クリニック 中目黒

住所 東京都目黒区中目黒1-10-23
シティホームズ中目黒 アネックス2F

診療時間
月〜水・金 11:00〜20:00(最終受付19:00)
土・祝 10:30〜19:00(最終受付18:00)

休診 木・日

0120-411-281(初診)
0800-100-1489(患者専用)
https://wove.jp/